Meditações
LIÇÕES PARA A VIDA MODERNA
Marcus Aurelius

Meditações
LIÇÕES PARA A VIDA MODERNA
Marcus Aurelius

Tradução e Organização
Eduardo Levy

COPYRIGHT © EDUARDO LEVY, 2022
COPYRIGHT © FARO EDITORIAL, 2022
Todos os textos de Marcus Aurelius são de domínio público.
Todos os direitos reservados.
Nenhuma parte deste livro pode ser reproduzida sob quaisquer meios existentes sem autorização por escrito do editor.

Diretor editorial PEDRO ALMEIDA
Coordenação editorial CARLA SACRATO
Assessoria editorial RENATA ALVES
Tradução e organização EDUARDO LEVY
Preparação 3GB CONSULTING
Revisão FERNANDA FRANÇA E LÍVIA LEVINE
Diagramação ANNA YUE E FRANCISCO LAVORINI
Capa DIMITRY UZIEL
Imagem de capa © AD MESKENS. (BUSTO DE MARCUS AURELIUS NO METROPOLITAN MUSEUM OF ART, NOVA YORK, NY)

Dados Internacionais de Catalogação na Publicação (CIP)
Jéssica de Oliveira Molinari CRB-8/9852

Marcus Aurelius, Imperador de Roma, 121-180
    Meditações / Marcus Aurelius ; tradução de Eduardo Levy. São Paulo : Faro Editorial, 2022.
    108 p.

    ISBN 978-65-5957-231-1
    Título original: Meditations

    1. Filosofia antiga 2. Estoicos I. Título II. Levy, Eduardo.

22-4394   CDD 188

Índice para catálogo sistemático:
1. Filosofia antiga

1ª edição brasileira: 2022
Direitos de edição em língua portuguesa, para o Brasil, adquiridos por FARO EDITORIAL

Avenida Andrômeda, 885 – Sala 310
Alphaville – Barueri – SP – Brasil
CEP: 06473-000
www.faroeditorial.com.br

SUMÁRIO

Introdução 6

LIVRO I
Dívidas e lições. 13

LIVRO II
Escrito entre os quados, às margens do Rio Hron. 21

LIVRO III
Escrito em Carnunto. 30

LIVRO IV 39

LIVRO V 53

LIVRO VI 67

LIVRO VII 81

LIVRO VIII. 96

LIVRO IX. 110

LIVRO X 123

LIVRO XI. 138

LIVRO XII 149

INTRODUÇÃO

Quem foram os imperadores romanos que antecederam e sucederam a Marcus Aurelius? Não se preocupe: quase ninguém sabe. Sabemos quem foi Marcus Aurelius não porque ele governou o império mais influente da Antiguidade, mas porque deu à humanidade um presente que governante nenhum pôde dar: o registro da rica vida interior de um homem nobre, sábio e bom no seu esforço diário para tornar-se mais nobre, mais sábio e melhor. As *Meditações* são um tesouro mais duradouro que qualquer império. Por isso que, séculos depois da morte do imperador, há pessoas em todos os cantos do mundo cuja existência Marcus Aurelius nem poderia imaginar lendo o que ele escreveu. Há milênios gerações de leitores recorrem às *Meditações* para descobrir como viver e morrer bem, suportar a dor e o sofrimento, ter resiliência, lidar com os desastres da vida, ser sincero, forte, nobre, sábio e bom.

Marcus Aurelius nasceu Marcus Annius Verus em 121 d.C. Embora nobre, ele não estava destinado ao trono pelo nascimento. Aos três anos, depois de perder o pai, passa a ser criado pelo avô, também Marcus Annius Verus, poderoso político romano. Em 137, o imperador Hadrian, que não tinha filhos, nomeia como sucessor o senador Antoninus, com a condição de que este, também sem filhos, adotasse Marcus Annius e Lucius Verus. É assim que Marcus Annius Verus torna-se Marcus Aurelius Antoninus. No ano seguinte, com a morte de Hadrian, Marcus Aurelius converte-se no primeiro na linha de sucessão. Em 145, aos 19 anos, é nomeado cônsul e casa-se com a filha de Antoninus, Faustina. Em 161, Antoninus morre e Marcus sobe ao trono com Lucius Verus, que, uma década mais novo, acaba se tornando uma espécie de "imperador júnior". Pouco se sabe do dia a dia do reinado de Marcus Aurelius. Em 168, ele parte para o norte, na região correspondente à Romênia e à Hungria dos dias atuais, para guerrear contra os quados, os marcomanos e os sármatas. O resto de seu reinado seria marcado por guerras intermitentes. No início de 169, Lucius Verus morre repentinamente, e Marcus torna-se o único imperador. Onze anos mais tarde, em 180, aos 58 anos, Marcus Aurelius morre em campanha militar na região norte.

AS MEDITAÇÕES

Acredita-se que as *Meditações* tenham sido escritas na década de 170, período de grande dificuldade para o imperador. Além do constante estado de guerra, entre 169 e 179 aconteceram uma revolta civil, a morte de Verus e a morte de Faustina. É natural, pois, que Marcus Aurelius recorresse à filosofia para ordenar o caos da vida. Não sabemos por quem as *Meditações* foram preservadas, mas tudo indica que Marcus Aurelius não as concebeu como um livro para publicação nem imaginou que teriam outro leitor além dele mesmo. O próprio título, "meditações", não é do autor, mas de editores posteriores. Além de não ter uma estrutura unitária, a obra está repleta de trechos pouco compreensíveis e referências crípticas, que só poderiam fazer sentido ao próprio autor. O interlocutor a quem ele se dirige não é um leitor anônimo, mas ele mesmo. E é ele mesmo que às vezes responde.

É notável nas *Meditações* o retorno circular dos mesmos problemas e das mesmas soluções. Ora, não é assim também na vida de cada um de nós? Durante anos somos assombrados pelos mesmos dilemas. Num instante o caminho se ilumina: nossa vida nos revela a sua significação; descobrimos quem somos, o que nos cabe, aonde devemos ir. Mas logo o universo volta a fechar-se: o que era solução converte-se em problema; a resposta não passa agora de matéria inerte, corpo sem alma incapaz de nos comover o coração ou despertar o espírito; caminhamos por uma trilha obscura onde tudo se torna obstáculo a nossos passos. Só depois de meses, às vezes anos mais tarde, a máquina do mundo volta a abrir-se a nós. Então, reformulada, redescoberta com o frescor da primeira vez em que a contemplamos, a mesma solução reaparece, viva e vivificante, dotando tudo de sentido.

É essa dança da vida interior que marca as *Meditações*, o que as torna mais preciosas que qualquer tratado formal de filosofia. Aqui temos não só as respostas lapidadas para publicação, mas todo o processo cognitivo, do drama existencial à solução luminosa. Temos acesso ao caderno de notas em que, em meio às dúvidas e hesitações da vida cotidiana, o imperador se bate com as grandes questões da existência de posse da adaga da filosofia. Nelas Marcus Aurelius realiza aquilo que o estudioso francês Pierre Hadot chamou de "exercícios espirituais": a prática constante de relembrar, reformular e refinar as mesmas regras para a vida, de modo a sempre reconquistar a ordem perdida no caos do dia a dia e tomar posse mais uma vez da própria existência.

A FILOSOFIA DAS *MEDITAÇÕES*

A principal preocupação das *Meditações* é de natureza ética: como agir bem e como viver bem. Para os antigos, responder a questões desse tipo era a principal função da filosofia, que consistia numa espécie de ciência do bem viver destinada a transformar a alma do discípulo. Esperava-se que a especulação filosófica fornecesse respostas às principais questões práticas da existência humana: o que é o bem? O que é a justiça? Como fazer o que é certo? Como agir em relação ao próximo? Como lidar com a dor e o sofrimento? Como lidar com a certeza da morte? Como alcançar a felicidade? Em suma: como viver bem?

Entendida desse modo, a filosofia é, em grande medida, criação de Sócrates (470 a.C.- 399 a.C). Da atividade dele surgiram várias escolas de pensamento, entre as quais aquela que mais influência exerceu em Marcus Aurelius, o estoicismo. O nome da escola vem de *stoa*, "pórtico", pois seu fundador, Zenão de Cítio (332/3-262 a.C.), ensinava no chamado Pórtico das pinturas, em Atenas. As doutrinas de Zenão foram reformuladas e desenvolvidas pelos seus sucessores Cleantes de Assos (331-232 a.C.), Crísipo (280-206 a.C.) e, mais tarde, Sêneca (4 a.C.-65 d.C.) e Epictetus (55-135).

Os estoicos acreditam que o mundo é organizado de forma racional e coerente. Seu princípio, fundamento e direção é o *logos*. Embora seja traduzido por "razão", *logos* tem significado mais amplo do que aquilo que em geral entendemos pelo termo correlato. *Logos* é o pensamento racional (o processo e o produto) que opera tanto nos indivíduos quanto no universo como um todo. É tanto a faculdade da razão quanto o princípio racional que organiza o universo. *Logos* é sinônimo de "natureza", "providência" e "Deus". Assim, Deus (ou, indiferentemente, "os deuses") e o mundo identificam-se: Deus é reitor do mundo, mas é também substância, e o mundo inteiro é a substância de Deus. A natureza, uma vez que é regida pela razão, identifica--se com a divindade. É a lei divina universal que encadeia tudo. Quando fala em "viver como exige a natureza", é isso que Marcus Aurelius entende por "natureza". "Viver como exige a natureza" é "viver como exige a lei divina da razão universal".

Como todas as coisas são determinadas pelo *logos* ou razão, tudo já está programado de antemão e ocorre numa inexorável cadeia de causa e efeito, o destino. A lei da razão universal, que liga todas as coisas, é uma força essencialmente benévola. Tudo, mesmo o que parece mal, converge para o bem e promove o desígnio final da razão universal, que é bom. Embora essa doutrina implique uma visão determinista, os estoicos consideram que certa parcela de liberdade humana está incluída no plano geral do destino. O homem tem, além disso, a liberdade de acomodar-se voluntariamente ao que já está determinado, aceitando tudo o que acontece. Assim, os homens são responsáveis pelas próprias escolhas e ações.

O bem supremo, para os estoicos, é a vida virtuosa. A virtude consiste em "viver como exige a natureza". Como a natureza é racional, viver de acordo com ela é viver uma vida racional, na qual a nossa natureza está de acordo com a natureza do todo. O homem virtuoso amolda-se totalmente ao destino, conforma-se racionalmente à ordem das coisas, basta a si mesmo. Para isso, precisa despojar-se das paixões (apatia) e alcançar a imperturbabilidade (*ataraxia*). Só interessam a ele seu próprio caráter e suas próprias ações, pois é só sobre eles que tem controle racional. Deixar-se afetar pelos acontecimentos, pelas ações dos outros ou pelas próprias emoções é ter menos controle racional sobre si, portanto, deixar de "viver como exige a natureza" e ser menos virtuoso. Assim, o homem virtuoso é pleno senhor de si, não se deixa perturbar por nada, não está à mercê dos acontecimentos, pode ser feliz em meio às maiores dores e aos piores males. O homem virtuoso é também aquele que ama os seus semelhantes e coopera com eles. Como são dotados de razão, os homens participam da razão universal, constituindo entre si uma comunidade da razão, à qual Marcus Aurelius às vezes se refere como uma grande cidade. Assim, eles têm obrigação de cooperar uns com os outros, como cidadãos da mesma comunidade racional.

Uma descoberta de Pierre Hadot ilumina a filosofia estoica de Marcus Aurelius. O estudioso francês distinguiu nas *Meditações* três disciplinas de pensamento: a disciplina da percepção, a disciplina da ação e a disciplina da vontade.

A disciplina da *percepção* consiste em manter absoluta objetividade de pensamento: ver as coisas como são. Nosso intelecto processa e avalia os dados que recebemos dos sentidos. Os objetos e acontecimentos do mundo produzem em nós uma impressão mental a partir da qual a mente gera uma percepção. Idealmente, essa percepção será uma representação fiel e objetiva do original, mas pode não ser: a percepção pode estar borrada ou incluir outras imagens que distorcem a original. Entre as percepções errôneas que mais causam problemas estão os julgamentos de valor. A impressão de que a minha casa foi destruída por um terremoto é apenas isto: uma impressão que me é transmitida pelos sentidos sobre um acontecimento do mundo exterior. Mas a percepção de que isso é um desastre é uma interpretação sobreposta à impressão inicial. Não é a única interpretação possível, e eu não sou obrigado a adotá-la; talvez seja melhor não o fazer. Nada no próprio fato nem na impressão gerada por ele garante que se trata de algo realmente ruim. Assim, o problema jamais são os acontecimentos ou objetos, mas a interpretação que fazemos deles. Devemos exercer controle estrito sobre a nossa faculdade de percepção para proteger a mente do erro.

A segunda disciplina é a da *ação*. Os seres humanos são animais sociais que têm razão e capacidade de usá-la. Assim, eles participam da razão. Como afirma Marcus Aurelius, o mundo regido pela razão é como uma cidade da qual todos os seres humanos são cidadãos, tendo, portanto, os deveres da cidadania. Como somos parte da natureza, que é racional, nosso dever é "viver como exige a natureza", de acordo com a razão, realizando do melhor modo possível as funções que nos são atribuídas no grande plano da razão. Precisamos não somente aceitar tudo o que acontece, mas também cooperar com o mundo, o destino e os outros seres humanos. Assim, devemos agir para o bem do mundo como um todo e das outras pessoas em particular, cooperando com os outros e tratando-os como merecem.

A terceira disciplina é a da *vontade*. Se a disciplina da ação rege nossa atitude em relação às coisas sobre as quais temos controle, a da vontade nos diz o que fazer em relação às coisas que não estão sob nosso controle: aquelas que nos acontecem e que são feitas a nós pelos outros. Se agimos mal, fazemos mal a nós mesmos, corrompendo nosso caráter, mas isso não afeta nem os outros nem a razão universal. Do mesmo modo, aquilo que não está sob nosso controle não é capaz de nos fazer mal. Os atos maus dos outros prejudicam aqueles que os realizam, não as vítimas. Por outro lado, as coisas que nos acontecem, como as doenças e a morte, não podem ser más em si mesmas, pois são produto da natureza, que é benévola. Elas só podem nos fazer mal se escolhermos vê-las como más. Se o fizermos, questionamos a benevolência da razão universal, degradando a nossa própria razão. Assim, devemos ver as coisas como são (*disciplina da percepção*) e aceitá-las (*disciplina da vontade*), confiando que são boas. Se tudo o que acontece é parte do plano da razão universal e se esse plano é bom, o que quer que nos aconteça, por pior que pareça, é, em última análise, para o bem.

A distinção das três disciplinas aparece com muita clareza, entre outros lugares, em 7.54:

Sempre e em cada momento, você tem a opção de:

- aceitar este acontecimento com humildade;

MEDITAÇÕES **11**

- tratar esta pessoa como deve ser tratada;
- abordar esse pensamento com cuidado, de modo que nada irracional passe despercebido.

F. 9.6:

Julgamento objetivo, agora, neste exato momento.

Ação abnegada, agora, neste exato momento.

Pronta aceitação — agora, neste exato momento — de todos os acontecimentos externos.

É só disso que você precisa.

SOBRE ESTA EDIÇÃO

Esta tradução das *Meditações* foi feita a partir da tradução para o inglês de Gregory Hays (*Meditations*, The Modern Library, Nova York, 2002). Também foram consultadas as traduções de Martin Hammond, David e Scot Hicks e George Long. Procuramos manter o tom coloquial e a linguagem limpa da tradução de Hays, tornando a obra o mais acessível possível aos leitores do século XXI que buscam as regras para a vida de um homem sábio, bem-sucedido e bom. O Marcus Aurelius que fala aqui, esperamos, é tão vivo e atual que poderia compartilhar suas meditações nas redes sociais.

O mesmo espírito anima os "mandamentos" e os comentários acrescidos ao original de Marcus Aurelius. Como esta é uma obra eminentemente prática, que ao mesmo tempo tem uma estrutura circular, voltando sempre aos mesmos temas e comandos, procuramos extrair uma série de mandamentos práticos que a permeiam, de modo que a leitura possa se tornar o mais produtiva possível.

Os mandamentos não são exaustivos nem definitivos: poderiam ser mais numerosos e poderiam ter outras formulações. Transformamos em "mandamentos" os comandos que aparecem com maior frequência nas *Meditações* e que têm mais importância para o leitor contemporâneo, formulando-os na linguagem mais compreensível possível. Certos comandos que poderiam ter sido transformados em mandamentos, como "viva de acordo com a razão", foram deixados de fora porque são antes princípios gerais sobre os quais se fundamentam os outros mandamentos. Outros, como "faça o que é certo", talvez sejam abstratos demais, mas foram incluídos porque têm uma utilidade clara. Há ainda outros, como "ame o próximo", cuja formulação pareceria estranha ao autor, mas é a mais compreensível para o leitor contemporâneo. Os mandamentos são ferramentas mnemônicas: esclarecem o conteúdo, sintetizam-no e o tornam facilmente memorizável e recordável.

O objetivo principal dos comentários não é explicar o texto das *Meditações*, que é bastante claro, mas ajudar o leitor a aplicar na própria vida aquilo que a obra ensina. Para esse fim, relacionamos ao mundo contemporâneo observações de Marcus Aurelius sobre o contexto romano, recorremos a outras filosofias, sugerimos práticas ascéticas tradicionais, mencionamos técnicas desenvolvidas pela psicologia moderna. Esperamos, com isso, que o leitor possa colher do tesouro que são as *Meditações* os maiores dividendos possíveis para a sua vida.

MANDAMENTOS

- Não permita que o comportamento alheio determine o seu.
- Não permita que a carne afete a mente.
- Aceite tudo o que acontece.
- Lembre-se de que a vida está acabando e faça o que é necessário enquanto é tempo.
- Tenha propósitos claros.
- Veja as coisas como são.
- Atenha-se ao essencial.
- Viva no presente.
- Seja sincero.
- Ame o próximo.
- Preserve o seu espírito.
- Não tema a morte.
- Faça o que é certo.
- Transforme os obstáculos em instrumento.

LIVRO I

DÍVIDAS E LIÇÕES[1]

1. MEU AVÔ VERUS
Caráter e autocontrole.

2. MEU PAI (DAS MINHAS MEMÓRIAS E DE SUA REPUTAÇÃO)
Integridade e virilidade.

3. MINHA MÃE
Reverência pelo divino, generosidade, incapacidade não somente de fazer o mal, mas mesmo de pensar em fazê-lo. E a maneira simples como vivia — em nada semelhante à dos ricos.

4. MEU BISAVÔ
Evitar escolas públicas, contratar bons professores privados e aceitar os custos resultantes como dinheiro bem gasto.

5. MEU PRIMEIRO PROFESSOR
Não apoiar nenhum lado nas corridas de carruagens, nem este ou aquele gladiador nos jogos. Tolerar o desconforto e precisar de pouco. Trabalhar com as minhas próprias mãos, não me intrometer na vida alheia e não dar atenção a difamadores.

---

1 Este subtítulo foi acrescentado por Gregory Hays na sua tradução das *Meditações* para o inglês. O Livro I, que trata exatamente das pessoas a quem Marcus é grato e com as quais aprendeu, tem formato diferente de todos os outros. Nele, em vez de extrair os mandamentos de cada meditação, como nos outros, faremos apenas um comentário geral ao final.

6. DIOGNETUS

Não perder tempo com bobagens. Não me deixar enganar pelas conversas de mágicos e feiticeiros sobre encantamentos e exorcismos e todo o resto. Não ficar obcecado com brigas de codornas e outros modismos similares. Escutar verdades inconvenientes. Praticar filosofia e estudar com Báquio e depois com Tandário e Marciano. Escrever diálogos quando estudante. Optar pelo estilo de vida grego — manto e cama de armar[2].

7. RUSTICUS

O reconhecimento de que eu precisava educar e disciplinar meu caráter.

Não me deixar dispersar pelo interesse em retórica. Não escrever tratados sobre questões abstratas nem proferir pequenos sermões moralistas nem compor descrições imaginárias da "Vida Simples" ou do "Homem que Vive para os Outros". Passar longe da oratória, da poesia e da linguagem pretensiosa.

Não me arrumar para passear pela casa e coisas do tipo. Escrever cartas francas (como a que ele mandou para a minha mãe de Sinuessa). Ser conciliador quando aquele que nos irritou ou incomodou quiser fazer as pazes.

Ler com atenção — não me contentar só em "pegar a ideia geral". Nem cair na lábia de qualquer bem-falante.

Ter me apresentado as palestras de Epictetus — das quais me emprestou sua própria cópia.

8. APOLLONIUS

Liberdade moral, a segurança de ignorar os acasos da fortuna e não ter nenhuma outra perspectiva, nem por um minuto, que não seja a da razão. Ser o mesmo em todas as circunstâncias — nos espasmos de dor, na perda de um filho, na doença crônica. E ver claramente, no seu exemplo, que o mesmo homem pode exibir tanto força quanto flexibilidade.

Paciência para ensinar. Ter visto um homem que claramente considerava a destreza e a experiência com que ensinava a menor das suas virtudes.

E ter aprendido como aceitar favores de amigos sem perder o respeito próprio nem parecer ingrato.

---

2 Símbolos de uma vida ascética. Segundo a *História Augusta*, uma coleção de biografias de imperadores romanos, Marcus Aurelius dormia no chão.

9. SEXTUS

Benevolência.

Um exemplo de autoridade paterna na casa. O que significa viver como a natureza exige.

Gravidade sem afetação.

Preocupação intuitiva com os amigos e tolerância com os amadores e as pessoas de opiniões vãs. A capacidade de dar-se bem com todos: estar na companhia dele era o maior dos elogios, e a oportunidade, uma honra para todos à sua volta.

Investigar e analisar, com compreensão e lógica, os princípios com base nos quais devemos viver.

Não mostrar raiva nem outras emoções. Não ter paixões, mas estar cheio de amor.

Louvar sem fanfarra; mostrar erudição sem presunção.

10. ALEXANDRE, O GRAMÁTICO

Não corrigir as pessoas o tempo todo, e em especial não as atacar toda vez que cometerem erros de vocabulário, sintaxe ou pronúncia, mas simplesmente responder às perguntas delas ou acrescentar outro exemplo ou debater a própria questão (a coisa, não sua expressão verbal) ou fazer alguma outra contribuição à discussão — e inserir a expressão correta discretamente.

11. FRONTO

Reconhecer a malícia, a ardileza e a hipocrisia que o poder produz e a singular desumanidade que em geral as pessoas de "boas famílias" demonstram.

12. ALEXANDRE, O PLATÔNICO

Não dizer (ou escrever) o tempo todo às pessoas que estou ocupado demais, a não ser que esteja de fato. Similarmente, não me esquivar o tempo todo das minhas responsabilidades com os outros alegando "questões urgentes".

13. CATULUS

Não ignorar o ressentimento de um amigo — mesmo que injustificado —, mas tentar consertar as coisas.

Ter respeito absoluto pelos professores (a história de Domitius e Athenodotus) e amor genuíno pelos filhos.

14. [MEU IRMÃO] SEVERUS

Amar minha família, a verdade, a justiça. Foi por meio dele que encontrei Thrasea, Helvidius, Cato, Dion e Brutus e concebi uma sociedade com leis imparciais, governada pela equidade e a liberdade de expressão, e governantes que respeitam a liberdade dos súditos acima de tudo.

Vem dele também valorizar a filosofia com firmeza e consistência.

E ajudar os outros, compartilhar com entusiasmo, não ser pessimista e nunca duvidar da afeição dos amigos. Aqueles que ele desaprovava nunca tinham de perguntar o porquê, e seus amigos nunca tinham de tentar adivinhar o que se passava na mente dele: estava sempre claro.

15. MAXIMUS

Autocontrole e resistência a distrações.

Otimismo na adversidade — especialmente na doença.

Uma personalidade equilibrada: dignidade e graça juntas.

Fazer o que é preciso sem lamuriar.

A certeza dos outros de que o que dizia era o que pensava, e que o que fazia era feito sem malícia.

Nunca desconcertado nem apreensivo. Nunca precipitado nem hesitante — nem desorientado nem sem ação. Nada servil — mas também nada agressivo nem paranoico.

Generosidade, caridade, honestidade.

A impressão que dava de quem é do bom caminho, e não de quem se mantém nele.

Que nenhum homem jamais tenha sentido que ele o tratou como se lhe fosse superior — nem tenha se sentido capaz de tratá-lo como se fosse superior a ele.

Senso de humor.

16. MEU PAI ADOTIVO

Compaixão. Aderência inflexível às decisões tomadas, uma vez tomadas. Indiferença a honras superficiais. Trabalho duro. Persistência.

Dar ouvidos a qualquer um que pudesse contribuir para o bem público.

Determinação inabalável de tratar as pessoas como mereciam.

Saber quando pressionar e quando relaxar.

Pôr fim ao interesse por rapazes mais novos.

Altruísmo. Não exigir que os membros da corte estivessem sempre presentes no jantar nem que viajassem com ele (a não ser que quisessem). E aquele que tivesse de ficar para trás para resolver alguma questão sempre o encontrava da mesma forma quando ele retornava.

As perguntas minuciosas que fazia nas reuniões. Uma espécie quase de determinação de jamais se satisfazer com a primeira impressão nem encerrar as discussões prematuramente.

A fidelidade aos amigos — nunca se cansando deles nem escolhendo protegidos.

Autossuficiência sempre. E alegria.

A previdência em relação às questões maiores e a atenção judiciosa às menores, até os mínimos detalhes.

As restrições que impôs às aclamações — e a todas as tentativas de lisonjeá-lo.

A atenção permanente às necessidades e o cuidado com os recursos do império. A prontidão de assumir a responsabilidade — e a culpa — por ambas as posturas.

A atitude que tinha perante os deuses: sem superstições. E perante os homens: sem demagogia, sem desejo de aprovação, sem troca de favores. Sempre sóbrio, sempre sereno, nunca vulgar nem dado a modismos.

O modo como lidava com os confortos materiais que a fortuna lhe concedeu com tanta abundância — sem arrogância e sem constrangimento. Se estivessem presentes, desfrutava deles. Se estivessem ausentes, não sentia falta.

Ninguém nunca o considerou volúvel, despudorado nem pedante. As pessoas o viam como ele era: um homem competente, com experiência de vida, que não se deixava influenciar por lisonjas e era capaz de governar tanto si mesmo quanto os outros.

O apreço que tinha pelos filósofos genuínos. Mas sem censurar os outros — nem lhes dar ouvidos.

A capacidade que tinha de sentir-se à vontade com as pessoas — e fazer com que elas também ficassem à vontade, sem precisar insistir.

A razoabilidade no cuidado com o corpo. Sem vaidade nem hipocondria, mas também sem negligência, de modo que quase nunca precisava de cuidados médicos, remédios ou aplicações.

Especialmente isto: disposição de dar às pessoas entendidas — em oratória, direito, costumes ou qualquer outro tema — voz e vigoroso apoio para que alcançassem reconhecimento.

Que ele respeitasse as tradições sem precisar congratular-se o tempo inteiro por "preservar nossos valores tradicionais".

Que não tivesse nenhuma propensão a sair pela tangente nem a deixar-se levar em todas as direções, mas tivesse apego aos mesmos lugares e às mesmas práticas.

O modo como ele conseguia retornar imediatamente ao que estava fazendo depois de uma das suas enxaquecas — revigorado e no máximo da sua capacidade.

Que ele tivesse tão poucos segredos — só segredos de Estado, em verdade, e mesmo desses nem tantos.

O modo como ele mantinha os projetos públicos — jogos, projetos de construção, doações de dinheiro etc. — dentro de limites razoáveis, porque tinha em vista o que precisava ser feito, não o crédito de fazê-lo.

Nada de banhos em horas estranhas, nada de projetos de construção espalhafatosos, nenhuma preocupação com comida, nem com corte e cor das roupas ou com a beleza dos escravos. (O manto vinha da sua fazenda em Lório; a maioria das coisas de Lanúvio; o modo como aceitou as desculpas do cobrador de impostos em Túsculo etc.)

Ele nunca era rude, nunca perdia o controle nem ficava violento. Ninguém nunca o viu suar. A tudo ele abordava de maneira lógica e cuidadosa, de modo calmo e organizado, mas decisivo, sem deixar pontas soltas.

Pode-se dizer dele o que se dizia de Sócrates: que era capaz de regular tanto a abstinência quanto o gozo naquilo de que a maioria é fraca demais para abster-se ou de que goza em excesso. Força de caráter — e resistência ou sobriedade conforme o caso: marcas de uma alma de prontidão — indomável.

(O que se provou durante a doença de Maximus.)

17. OS DEUSES

Que eu tenha tido bons avós, bons pais, uma boa irmã, bons professores, bons servos, bons parentes, bons amigos — quase sem exceção. E que eu nunca tenha me descontrolado com nenhum deles, embora com a minha disposição isso pudesse facilmente ter acontecido. Mas graças aos deuses, nunca houve nenhuma conjunção de circunstâncias nas quais a minha fraqueza pudesse aparecer.

Que eu não tenha sido criado pela amante do meu avô por mais tempo do que fui. Que eu não tenha perdido a virgindade cedo demais, nem me tornado adulto antes do tempo — demorei até demais.

Que eu tenha tido alguém que — como governante e pai — me impediu de ser arrogante e me fez perceber que mesmo em um palácio se pode viver sem uma tropa de guarda-costas e um esplendor de roupas, candelabros, esculturas — o circo todo. Que é possível comportar-se quase como um cidadão comum sem parecer desleixado nem negligente como governante.

Que eu tenha tido um irmão tão bom, cujo caráter me estimulou a melhorar o meu e cujo amor e afeição enriqueceram a minha vida.

Que os meus filhos não tenham nascido debilitados física nem mentalmente.

Que eu não tenha feito maiores progressos na retórica, na poesia nem em outras atividades. Do contrário, talvez nunca as tivesse abandonado.

Que eu tenha conferido logo aos meus professores as honras que pareciam desejar em vez de protelar (uma vez que ainda eram jovens) com promessas de fazê-lo mais tarde.

Que eu tenha conhecido Apollonius, Rusticus e Maximus.

Que me tenha sido mostrado claramente, muitas vezes, o que é viver como exige a natureza. Os deuses fizeram tudo o que podiam — com seus dons, seu auxílio e sua inspiração — para que eu fosse capaz de viver como exige a natureza. Se não o sou, a culpa é só minha, que não prestei atenção ao que me disseram — ao que praticamente me ensinaram, passo a passo.

Que meu corpo tenha resistido até agora, considerando a vida que levo.

Que eu nunca tenha encostado um dedo em Benedita nem em Theodotus, e que mesmo mais tarde, quando a paixão me dominou, eu tenha me recuperado.

Que, embora tenha me irritado com Rusticus várias vezes, jamais tenha feito nada de que viesse a me arrepender depois.

Que, embora tenha morrido jovem, minha mãe tenha pelo menos passado seus últimos anos comigo.

Que ninguém nunca tenha tido de me dizer, quando eu quis ajudar alguém que estava sem dinheiro ou passava por alguma necessidade, que eu não tinha recursos para fazê-lo. E que eu mesmo nunca tenha estado nessa situação — de ter de receber algo dos outros.

Que minha mulher seja como é: obediente, amorosa e humilde.

Que meus filhos tenham tido professores competentes.

Que eu tenha recebido amparo em sonhos — quando eu estava escarrando sangue, por exemplo, e tendo acessos de vertigem. E aquele em Gaeta.

Que, quando passei a me interessar por filosofia, eu não tenha caído nas mãos de sofistas, nem me metido a escrever tratados, nem me perdido em miudezas de análise lógica, nem me ocupado de especulações cósmicas.

Todas essas coisas requerem "o auxílio dos deuses e a mão da fortuna".

COMENTÁRIO: Antes de desenvolver qualquer ideia própria, Marcus Aurelius faz um levantamento da origem das próprias ideias e das dívidas, intelectuais e existenciais, que tem com os outros. É um modelo que todos podemos e devemos seguir. Sem isso, é impossível saber quem somos, de onde viemos, onde estamos e para onde estamos indo. É preciso perguntar: de onde me veio essa ideia? Com quem aprendi isso? Por que tenho essa característica ou me comporto desse modo? Das pessoas que me criaram e com as quais convivi, o que devo a cada uma?

LIVRO II

ESCRITO ENTRE OS QUADOS, ÀS MARGENS DO RIO HRON[3]

1. Quando acordar de manhã, diga a si mesmo: hoje encontrarei pessoas intrometidas, ingratas, arrogantes, maliciosas e grosseiras. Elas são assim porque não sabem a diferença entre o bem e o mal. Mas eu vejo a beleza do bem e a feiura do mal e reconheço que o homem mau tem uma natureza aparentada à minha — embora não partilhemos o mesmo sangue nem a mesma semente, partilhamos a mesma mente, a mesma parcela do divino. Portanto, nenhuma dessas pessoas pode me fazer mal. Ninguém pode me infectar com os seus erros. Também não posso me irritar com meu parente nem o odiar. Nascemos para trabalhar juntos, como os pés, como as mãos, como os olhos, como os dentes superiores e os inferiores. Obstruir o outro é antinatural. Irritar-se com o outro e voltar-lhe as costas é obstruí-lo.

> **MANDAMENTO:**
> Não permita que o comportamento alheio determine o seu.
>
> **COMENTÁRIO:** O pilar destas *Meditações* é a ideia de que só nós mesmos somos responsáveis pelo nosso bem ou pelo nosso mal, pois eles residem na nossa ação. O outro só pode me fazer mal se, por efeito da ação dele, eu me comportar mal. Afinal, se reajo à irritação do outro com irritação, torno-me igual a ele e deixo de ter autoridade moral para criticá-lo. Mais do que isso: se reajo à irritação do outro com irritação, permito que ela me afete e que, portanto, corrompa o meu caráter. Ora, não controlo a ação do outro,

---

3   Não se sabe se a anotação se refere ao final do Livro I ou ao início do II. O consenso contemporâneo é que se refira ao Livro II. O Hron é um tributário do Danúbio. Os quados eram uma das tribos contra as quais Marcus Aurelius lutou nos anos 170.

mas controlo a minha. Controlo, também, a minha reação à ação dele. Assim, não me deixar afetar pelo comportamento dele é essencial. Para isso, é necessário antecipar que ele agirá mal, ter em mente que ele o faz porque é incapaz de agir bem e ter a firme disposição de não me deixar afetar por isso.

2. O que quer que seja, este não-sei-quê que eu sou é carne, um pouquinho de espírito (sopro vital ou respiração) e uma mente. Largue os livros; eles não fazem parte de você. Chega de distrações. Tenha pela carne o mesmo desprezo que teria se estivesse morrendo neste exato momento. Ela não passa de um emaranhado de sangue e pedaços de ossos, uma meada retorcida de nervos, veias, artérias. Considere o que é o espírito: ar, e nunca o mesmo, mas ar vomitado e tragado de novo a cada instante. Por fim, a mente. Pense assim: você está velho. Não permita mais que a sua mente seja escravizada, sacolejada por impulsos egoístas, esperneando contra o destino e o passado e desconfiando do futuro.

MANDAMENTO: Não permita que a carne afete a mente.

COMENTÁRIO: A parte de nós que é mais intimamente nossa e sobre a qual mais temos controle é a nossa mente ou inteligência. Nosso corpo, ao qual tudo afeta, opera de maneiras que nos são desconhecidas e sobre as quais temos pouco controle. Para controlar nossas ações e nossa vida, devemos viver de modo tal que o corpo tenha a menor influência possível sobre a mente. Assim, a fome, o sono, a sede, a doença, as perturbações emocionais – tudo o que é efeito do corpo – terão pouco poder sobre nós. Como fazer isso? Com a prática persistente e constante de exercícios que contrariam o corpo por determinação da mente. Podemos, por exemplo, tomar banhos frios, com a intenção explícita de suportar o desconforto do corpo para fortalecer a mente. Podemos adotar uma disciplina de jejum, evitar certos alimentos precisamente porque gostamos deles, dormir no chão, suportar o frio sem nos agasalhar e o calor sem nos refrescar, executar tarefas que são desagradáveis, mas têm bons resultados. Tudo isso fortalece a mente e enfraquece o corpo. Aquele que se acostuma ao desconforto de um banho frio não se deixará abalar pelos desconfortos que é preciso suportar para conquistar qualquer coisa de valor na vida. Nada o deterá.

3. O que é divino está repleto de Providência. Nem mesmo o acaso está divorciado da natureza, das tramas e urdiduras das coisas governadas pela Providência. Tudo procede dela. E há ainda o necessário e o benéfico para o

mundo inteiro, do qual você é parte. O que quer que a natureza do todo faça, e o que quer que contribua para sustentá-la, é bom para todas as partes da natureza. O mundo é preservado pela mudança — nos elementos e nas coisas que eles compõem. Faça disso um axioma; que ele lhe baste. Abandone a fome de livros, de modo a morrer não na amargura, mas na alegria e na verdade, grato aos deuses do fundo do seu coração.

> **MANDAMENTO:**
> Aceite tudo o que acontece.

4. Lembre há quanto tempo você está protelando isso e quantas prorrogações os deuses lhe deram que você não usou. Passou da hora de você entender o mundo de que é parte e o poder que governa esse mundo do qual você emana; e que o tempo que lhe foi concedido é limitado e que, se você não o usar para se libertar, ele acabará e jamais voltará.

> **MANDAMENTO:**
> Lembre-se de que a vida está acabando e faça o que é necessário enquanto é tempo.

5. Dedique cada minuto como romano — como homem — a fazer o que precisa ser feito, com seriedade genuína, com boa vontade, com justiça, serenamente. E a libertar-se de todas as outras distrações. Você consegue, sim, desde que faça tudo como se fosse a última coisa que faz na vida, e pare de vagar sem rumo, pare de deixar que as emoções sobrepujem o que a mente lhe diz, pare de ser hipócrita, autocentrado, irritável. Está vendo como são poucas as coisas que você tem de fazer para viver uma vida satisfatória e reverente? Se conseguir isso, nem sequer os deuses poderão lhe exigir mais.

> **MANDAMENTOS:**
> Lembre-se de que a vida está acabando e faça o que é necessário enquanto é tempo.
> Não permita que a carne afete a mente.

6. Continue assim, alma, nesta autodegradação. Mas logo logo passará a sua oportunidade de ter respeito próprio. Cada um tem uma vida só. A sua está quase no fim, e, em vez de tratar a si mesma com respeito, você confia a própria felicidade às almas alheias.

> **MANDAMENTOS:**
>
> Lembre-se de que a vida está acabando e faça o que é necessário enquanto é tempo.
>
> Não permita que o comportamento alheio determine o seu.
>
> **COMENTÁRIO:** Confiar a própria felicidade aos outros é uma forma de auto-degradação e desrespeito próprio porque nos deixa à mercê do que não controlamos. Se não controlo, não tenho responsabilidade; se não tenho responsabilidade, não posso ter mérito. Ora, a minha felicidade não pode depender de fatores alheios ao meu mérito. O único meio de fazer algo de valor enquanto ainda há tempo é confiar nossa felicidade àquilo que depende só de nós. As implicações dessa ideia são vastas. O sucesso, por exemplo, é algo que depende em grande medida dos outros. Os relacionamentos amorosos também dependem de outra pessoa. Condicionar a nossa felicidade a eles é condicioná-la a algo que não depende de nós. O que depende de mim? Minhas ações e meu caráter.

7. As coisas externas estão distraindo você? Então encontre tempo para aprender algo que valha a pena; pare de se deixar arrastar para todos os lados. Mas fique atento a um segundo tipo de dispersão. Aqueles que se esforçam a vida inteira, mas não têm nenhum propósito que dirige todos os seus impulsos e todos os seus pensamentos estão perdendo tempo — por mais que se esforcem.

> **MANDAMENTO:**
>
> Tenha propósitos claros.
>
> **COMENTÁRIO:** Nada mais fácil, hoje em dia, do que se deixar distrair. Podem-se perder dias inteiros nas redes sociais, assistindo a filmes ou seriados, vendo memes, participando de discussões vãs. Às vezes, as distrações podem até parecer úteis: cursos, artigos esclarecedores, notícias. Mas sua utilidade depende de que sirvam a algum propósito claro, pois quem caminha sem direção não chega a lugar nenhum. Nunca foi tão importante ter consciência clara do propósito de cada ação.

8. Ignorar o que se passa na alma das outras pessoas — ninguém jamais foi infeliz por fazê-lo. Mas, se não acompanhar o que se passa na sua própria alma, como você poderá não ser infeliz?

> **MANDAMENTO:**
>
> Atenha-se ao essencial.

> **COMENTÁRIO:** O que os outros sentem, pensam, dizem e fazem não depende nós; mas o que nós sentimos, pensamos, dizemos e fazemos, sim. É sobre nossa própria alma que podemos agir, portanto é nela que devemos prestar atenção.

9. Sempre lembrar destas coisas:

A natureza do mundo.

Minha natureza.

Minha relação com o mundo.

A proporção dele que eu componho.

Que ninguém pode impedi-lo de sempre falar e agir em harmonia com a natureza, da qual você é parte.

10. Ao comparar pecados (como as pessoas fazem), Theophratus afirma que aqueles cometidos por desejo são piores do que aqueles cometidos por raiva: isso é filosofia das boas. O homem enfurecido parece dar as costas à razão por uma espécie de dor e espasmo interior, ao passo que os pecados do homem motivado pelo desejo, que cede ao prazer, parecem de algum modo mais autocomplacentes e menos viris. Theophratus está certo (e faz boa filosofia) quando diz que o pecado cometido sob influência do prazer merece crítica mais severa que aquele cometido sob influência da dor. O homem enfurecido está mais para a vítima de um mal, provocado à raiva pela dor. Já o outro é compelido ao erro por conta própria, levado à ação pelo desejo.

11. Você pode deixar a vida a qualquer momento. Que isso determine o que você faz e diz e pensa. Se os deuses existem, então não há por que temer abandonar o mundo dos homens; os deuses jamais o sujeitariam a nenhum mal. E se não existem, ou se não se importam com o que nos acontece, de que me serve viver num mundo sem deuses e sem Providência? Mas eles existem, sim, e se importam com o que nos acontece, sim, e colocaram no nosso interior tudo de que precisamos para evitar o verdadeiro mal. Se houvesse alguma coisa maléfica do outro lado da morte, eles com certeza teriam posto no seu interior a capacidade de evitar cair nela. Se a morte não prejudica o seu caráter, como poderia prejudicar a sua vida? A natureza não se descuidaria de perigos desse tipo nem por não conseguir percebê-los nem por, percebendo-os, ser impotente para evitá-los ou corrigi-los. Ela também não erraria, em nenhuma hipótese, ao ponto de deixar, ou por incapacidade

ou por incompetência, coisas boas e más acontecerem indiscriminadamente aos bons e aos maus. Mas a morte e a vida, o sucesso e o fracasso, a dor e o prazer, a riqueza e a pobreza, tudo isso acontece tanto aos bons quanto aos maus, e não é nem nobre nem vergonhoso — portanto, nem bom nem mau.

> **MANDAMENTOS:**
> Lembre-se de que a vida está acabando e faça o que é necessário enquanto é tempo.
> Aceite tudo o que acontece.

12. Todas as coisas desaparecem com rapidez — os objetos do mundo e a memória deles no tempo. E a verdadeira natureza dos objetos que nossos sentidos experimentam, especialmente aqueles que nos seduzem pelo prazer, nos amedrontam pela dor ou são trombeteados pelo orgulho. É para entender essas coisas — como são estúpidas, desprezíveis, ordinárias, putrefatas e mortas — que servem as nossas faculdades intelectuais. E para entender o que valem de fato essas pessoas cujas opiniões e vozes constituem a fama. E o que é a morte — e que, se olhar para ela em abstrato e decompuser pela análise lógica as imagens que lhe são associadas, você concluirá que ela não é nada mais que um processo da natureza, do qual só crianças podem ter medo. (E não somente um processo da natureza, mas um processo necessário.) E como o homem apreende Deus, com que parte de si o faz e quando essa parte está em que tipo de disposição.

> **MANDAMENTO:**
> Veja as coisas como são.

13. Nada é mais patético do que as pessoas que estão sempre de cá para lá, "sondando o que está oculto" e investigando as almas daqueles à sua volta, sem jamais perceber que basta prestar atenção ao guia interior e reverenciá-lo com sinceridade. Reverenciá-lo é impedir que seja turvado por agitações e fique sem propósito e se torne insatisfeito com a natureza — divina e humana. O que é divino merece nosso respeito porque é bom; o que é humano merece nossa afeição porque é como nós. E às vezes também nossa pena, por sua incapacidade de distinguir o bem do mal — uma cegueira tão terrível quanto aquela que não consegue diferenciar a luz da escuridão.

> **MANDAMENTO:** Atenha-se ao essencial.
>
> **COMENTÁRIO:** Quantas vezes não nos preocupamos com a vida alheia só para fugir de nós mesmos? Até a preocupação com a política não raro serve a isso. As redes sociais, a tempestade de notícias e a sobrecarga de divertimentos disponíveis permitem que, se quisermos, jamais prestemos atenção no nosso próprio "guia interior", o centro da nossa consciência, que é a única parte de nós capaz de prestar atenção na moralidade das nossas ações, em Deus e no próximo. Mas isso é não alcançar nada e não ser nada, é viver como um animal. Precisamos ter paciência com os desvios inevitáveis e, toda vez que os notar, sem culpa, sem censura, voltar ao centro.

14. Ainda que você viva mais três mil anos, ou dez vezes isso, lembre-se de que ninguém perde nenhuma outra vida além daquela que vive agora, nem vive nenhuma vida além daquela que perde. A vida mais longa e a mais curta estão na mesma situação. O presente é o mesmo para todos; a perda dele é a mesma para todos; e um breve instante, está claro, é tudo o que se perde. Pois você não pode perder nem o passado nem o futuro; como poderia perder o que não tem?

Lembre-se sempre destas duas coisas:

i. Que tudo sempre foi igual e continua retornando, e não faz nenhuma diferença ver as mesmas coisas retornarem por cem anos, por duzentos anos ou por um período infinito;

ii. Que aquele que tem a vida mais longa e o primeiro a morrer perdem a mesma coisa. Tudo o que podem perder é o presente, já que ele é tudo o que têm, e ninguém pode perder o que não tem.

> **MANDAMENTOS:**
> Atenha-se ao essencial.
> Veja as coisas como são.
> Não tema a morte.
> Viva no presente.

15. "Tudo é só uma impressão." Monimus, o cínico. E a réplica é bastante óbvia. Mas a observação é útil, quando encarada dentro das devidas proporções.

16. A alma humana se degrada:

i. Antes de tudo, quando se torna (até onde consegue) um abscesso, uma espécie de tumor separado do mundo. Lamentar o que quer que aconteça é uma espécie de rebelião contra a Natureza, que inclui a natureza de todas as coisas.

ii. Quando dá as costas ao outro ou age para prejudicá-lo, como fazem as almas das pessoas com raiva.

iii. Quando cede ao prazer ou à dor.

iv. Quando veste uma máscara e faz ou diz algo artificial ou falso.

v. Quando, em vez de dirigir as ações e impulsos a um propósito, age ao acaso, sem atenção consciente: até a mais trivial das ações precisa ter um objetivo. Ora, o objetivo das criaturas racionais é obedecer à razão e à lei da mais venerável das comunidades.

> **MANDAMENTOS:**
> Não permita que a carne afete a mente.
> Aceite tudo o que acontece.
> Tenha propósitos claros.
> Ame o próximo.
> Seja sincero.
>
> **COMENTÁRIO:** Degradar é privar de dignidade. Quando desobedece a um desses mandamentos, a alma humana priva a si mesma da dignidade natural que os seres humanos têm enquanto seres humanos, habitantes da "mais venerável das comunidades", que é a comunidade dos seres racionais na razão. Em outras palavras, quem o faz comporta-se como um animal, o que deve sempre nos motivar a não o fazer.

17. Vida humana.

Duração: *transitória*. Natureza: *mutável*. Percepção: *nublada*. Condição corporal: *putrefata*. Alma: giratória. Destino: imprevisível. Reputação: incerta. Em suma: *O corpo e suas partes são um rio, a alma, um sonho e um nevoeiro, a vida é uma guerra e uma jornada em terra estrangeira, a única reputação duradoura é o oblívio.*

Então o que pode nos orientar?

Só a filosofia.

Que consiste em manter o nosso guia interior ileso, resguardado de todo dano, superior ao prazer e à dor, sem fazer nada aleatório, desonesto nem falso, sem depender de que outros façam ou deixem de fazer nada. E em fazer com que aceite o que acontece e o que lhe é concedido, por vir do mesmo lugar de que ele veio. E, sobretudo, em fazer com que aceite a morte de bom grado, convencido de que não é nada mais que a dissolução dos elementos dos quais todas as coisas vivas se compõem. Se a transformação contínua de uns nos outros não danifica os elementos individuais, por que temer a transformação e a dissolução de todos eles? É algo natural. E nada natural é mau.

MANDAMENTOS: Não permita que a carne afete a mente.
Não permita que o comportamento alheio determine o seu.
Aceite tudo o que acontece.
Tenha propósitos claros.
Veja as coisas como são.
Não tema a morte.

LIVRO III

ESCRITO EM CARNUNTO[4]

1. Não é só que a cada dia nossa vida se esgota mais e resta uma porção cada vez menor dela, mas também isto: temos certeza de que, se vivermos mais tempo, nossa mente ainda estará apta a compreender o mundo — a contemplar o conhecimento divino e humano? Se a nossa mente começar a tresvariar, ainda continuaremos a respirar, a comer, a imaginar coisas, a sentir impulsos e assim por diante. Mas fazer o melhor que formos capazes, avaliar qual é o nosso dever, analisar o que ouvimos e vemos, decidir se está na hora de ir embora — tudo o que requer uma mente saudável... já era.

Portanto, precisamos correr.

Não só porque a cada dia estamos mais próximos da morte, mas também porque nosso entendimento — nossa percepção do mundo — pode ir embora bem antes disso.

> **MANDAMENTO:**
> Lembre-se de que a vida está acabando e faça o que é necessário enquanto é tempo.

2. Devemos lembrar que até os efeitos acidentais dos processos da Natureza têm seu charme próprio, sua atratividade própria. O pão, por exemplo, abre-se aqui e ali ao assar; embora sejam em certo sentido uma falha da atividade do padeiro, essas rachaduras de alguma forma capturam o olhar e estimulam o apetite.

Do mesmo modo, os figos maduros começam a estourar. E as azeitonas prestes a cair: o prospecto mesmo da queda lhes dá uma beleza peculiar. Assim também a fronte vincada do leão, as nódoas de espuma no focinho do

---

4   Não se sabe se a anotação se refere ao final do Livro II ou ao início do III. O consenso contemporâneo é que se refira ao Livro III. Carnunto era uma fortaleza no Danúbio.

javali e muito mais. Embora essas coisas estejam longe de ser belas quando consideradas em si mesmas, os efeitos que têm sobre os processos da Natureza as enriquecem e nos atraem.

Assim, o homem que tenha afinidade com a natureza — uma sensibilidade profunda a ela — constatará que tudo isso dá prazer, até o que parece inadvertido. Para ele não há menos deleite nas bocas escancaradas das feras vivas do que naquelas representadas nas pinturas e esculturas. Ele contemplará com calma a beleza distinta da velhice nos homens e nas mulheres e o encanto das crianças. E outras coisas desse tipo sempre despertarão sua atenção — coisas que os outros não percebem, pois só pode vê-las aquele que desenvolveu genuína afinidade com a Natureza e as obras dela.

3. Hipócrates curou várias doenças, depois caiu doente e morreu. Os astrólogos caldeus previram a morte de muitos; no devido tempo, chegou a vez deles. Alexandre, Pompeu e César aniquilaram cidades inteiras várias vezes, massacraram milhares a pé e a cavalo no campo de batalha — e também deixaram esta vida. Heraclitus disse várias vezes que uma conflagração consumiria o mundo, mas foi a umidade que o liquidou: morreu untado em bosta de vaca. Vermes mataram Democritus; vermes de outro tipo, Sócrates.

E aí?

Você embarcou, zarpou, chegou ao porto. Hora de desembarcar. Se for em outra vida, bem, do lado de lá também não faltam deuses. Se for no nada, você não terá mais de suportar a dor e o prazer, nem continuar a satisfazer os caprichos da embalagem carcomida que é seu corpo, senhora muito inferior àquele que a serve.

Um é mente e espírito; a outra, barro e entulho.

MANDAMENTOS:
Aceite tudo o que acontece.
Não tema a morte.

COMENTÁRIO: Talvez a maior questão da vida humana, insolúvel por natureza, seja: o que acontece depois da morte? Marcus Aurelius, como estoico, aceita tudo o que acontece: é natural que se esforce também para aceitar, e até amar, a morte. Mas aqui surge um problema: como podemos aceitar algo que não sabemos o que é? Sócrates, diante disso, afirmou que talvez aqueles que o condenaram à morte estivessem lhe fazendo um favor. Marcus Aurelius resolve o problema de forma muito simples: não sabemos o que é a morte, mas, o que quer que seja, será bom. Se houver outra vida, haverá bens lá também; se não houver, ao menos estaremos livres dos males desta.

4. A não ser que se trate do bem comum, não desperdice o resto do seu tempo aqui preocupado com as outras pessoas. Isso o impedirá de fazer qualquer coisa útil. Você se preocupará com o que tal ou qual está fazendo e por quê, e o que o outro está dizendo e pensando e planejando, e tudo o mais que o tira dos trilhos e o impede de prestar atenção na própria mente.

Há certas coisas que você precisa evitar no seu fluxo de pensamento: tudo o que é aleatório, tudo o que é irrelevante. E certamente tudo o que é presunçoso ou malicioso. Você precisa se acostumar a depurar o pensamento de modo tal que, se alguém lhe perguntar o que está pensando, você possa responder de imediato (e honestamente) que está pensando isto ou aquilo e fique imediatamente claro, a partir da resposta, que seus pensamentos são francos e atenciosos — os pensamentos de um homem altruísta, por cuja mente não passam ideias de prazer nem de gozos sensuais de modo geral, nem de brigas, difamação, inveja nem de qualquer outra coisa que lhe causaria vergonha ser flagrado pensando.

Um homem assim, que não posterga assumir o lugar que lhe cabe entre os melhores, é uma espécie de sacerdote ou servo dos deuses, que responde à divindade que há no seu interior, o que o torna imaculado pelos prazeres, incólume a qualquer dor, intocado pela arrogância, ileso à perversidade, um atleta da maior das competições — o esforço para não ser subjugado por nada que acontece. O que o torna indelevelmente marcado pela justiça, abraçando de todo o coração o que quer que venha — o que quer que lhe seja atribuído — sem se preocupar muito, nem por nenhum motivo egoísta, com o que os outros dizem ou fazem ou pensam.

Ele faz somente aquilo que lhe cabe fazer, e pondera constantemente o que o mundo lhe reserva — fazendo o melhor que pode e confiando que tudo é para o bem. Pois nós carregamos nosso destino conosco — e ele nos carrega.

Tal homem tem consciência de que todos os seres racionais são aparentados e de que cuidar de todos os homens é da natureza do homem. O que não significa que devamos partilhar das opiniões deles. Devemos dar ouvidos apenas àqueles que vivem conforme a natureza. E os outros? Ele sabe que tipo de gente são — tanto em casa quanto no estrangeiro, tanto de noite quanto de dia — e com quem andam. E não dá a mínima aos aplausos desses homens que não conseguem satisfazer nem sequer aos próprios padrões.

MANDAMENTOS:

Lembre-se de que a vida está acabando e faça o que é necessário enquanto é tempo.

Aceite tudo o que acontece.

Veja as coisas como são.

Atenha-se ao essencial.

Ame o próximo.

Não permita que o comportamento alheio determine o seu.

Não permita que a carne afete a mente.

COMENTÁRIO: Um dos pontos mais importantes desta meditação é a preocupação com o fluxo dos pensamentos, pois são eles, pelo menos em alguma medida, que determinam os sentimentos e as ações. Não podemos exercer controle total sobre os nossos pensamentos. Esforçar-se para "não pensar em X" já é pensar em X. Mas, quando um pensamento qualquer aparece, podemos não o entreter, não o desenvolver conscientemente, não dar atenção a ele. O método para fazer isso não é a supressão, mas a distração: pensar conscientemente em outra coisa ou concentrar-se numa atividade qualquer.

5. Como agir:

Nunca por compulsão, por egoísmo, sem premeditação, com apreensão.

Sem maquiar os pensamentos.

Nenhuma palavra em excesso, nenhuma ação desnecessária.

Que o espírito em você represente um homem, um adulto, um cidadão, um romano, um governante. Que assume seu posto como um soldado e espera pacientemente para devolver a vida. Sem precisar de juramentos nem de testemunhas.

Disposição. Sem precisar da ajuda dos outros nem da serenidade que eles podem dar.

Costas retas — não esticadas.

MANDAMENTOS:

Aceite tudo o que acontece.

Tenha propósitos claros.

Atenha-se ao essencial.

Ame o próximo.

Não permita que o comportamento alheio determine o seu.

Não tema a morte.

6. Se, em algum momento da vida, você se deparar com algo melhor do que justiça, honestidade, autocontrole, coragem — do que uma mente satisfeita por ter lhe permitido agir racionalmente e satisfeita de aceitar o que está além do controle dela —, se encontrar alguma coisa melhor do que isso, adote-a sem reservas — deve ser algo realmente extraordinário — e desfrute dela ao máximo.

Mas se nada se mostrar melhor que o espírito no seu interior — aquele que governa os seus desejos, que guia os seus pensamentos, que rompe os grilhões da titilação dos sentidos (como dizia Sócrates), obedece aos deuses e serve à humanidade — se descobrir que não há nada mais importante nem valioso que isso, então não dê o menor espaço a nada mais — a nada que possa desviar você, tentá-lo a sair dos trilhos e deixá-lo incapaz de devotar-se completamente a alcançar o bem que é exclusivamente seu.

Qualquer coisa que o impeça de conquistar o bem, como ser racional e social, é errada. Qualquer coisa mesmo: o aplauso da turba, posições elevadas, riqueza, autoindulgência. Tudo isso pode parecer compatível com o bem — por algum tempo. Mas de repente essas coisas estão nos carregando e controlando.

Portanto, faça logo a sua escolha de uma vez por todas e seja fiel a ela. Escolha o melhor.

— O melhor é aquilo que beneficia *a mim*.

Se o beneficia como ser racional, então siga em frente. Mas se for só como animal, rejeite-o e atenha-se à sua conclusão. (Mas tenha certeza de que sabe o que está fazendo.)

> ## MANDAMENTOS:
> Não permita que a carne afete a mente.
> Veja as coisas como são.
> Atenha-se ao essencial.
> Ame o próximo.

7. Nunca considere benéfico para você algo que o force a quebrar a palavra dada, abandonar sua integridade, ter ódio, desconfiança, má vontade, hipocrisia ou desejar qualquer coisa que se deve fazer a portas fechadas. Se você colocar em primeiro lugar sua própria mente, seu espírito-guia, e cultuar a supremacia do Deus no seu interior, isso o poupará de dramas, de choro e de ranger de dentes. Da necessidade de solidão e de plateia. E, sobretudo, do medo e do desejo. E não será motivo de preocupação para você por

quanto tempo ainda seu corpo conterá a alma que o habita. Se estiver na hora de ir embora, vá de bom grado — como faria qualquer coisa que se pode fazer com graça e honra. E concentre-se nisto ao longo de toda a vida: que a sua mente esteja no estado certo — o estado em que deve estar uma mente racional e cívica.

> **MANDAMENTOS:**
> Atenha-se ao essencial.
> Não tema a morte.
> Veja as coisas como são.
>
> **COMENTÁRIO:** Nem tudo o que parece benéfico para nós é de fato. Muito da arte de viver consiste em aprender a hierarquizar valores e bens. Se algo que parece bom pode me levar a fazer algo mau ou a comprometer valores que são inegociáveis para mim, então não pode ser bom.

8. A mente de quem está são e puro: sem pus, sem sujeira, sem feridas.

E não uma vida interrompida pela morte, como um ator que vai embora antes que a peça termine, arruinando a trama.

Nem servilismo nem arrogância. Nem bajulação nem desdém. Nem desculpas nem evasões.

9. A capacidade de controlar os próprios pensamentos — trate-a com respeito. É ela que protege a mente de percepções falsas — falsas em relação à sua natureza e à de todos os seres racionais. É ela que permite a análise racional, o afeto pelas outras pessoas e a submissão ao divino.

10. Esqueça tudo o mais. Agarre-se somente a isso e lembre-se: cada um de nós vive só agora, neste breve instante. O resto já foi vivido ou é impossível de ver. O período de tempo que vivemos é pequeno — pequeno como a faixa de terra em que vivemos. Pequeno como até o maior dos renomes, passado de boca em boca por bonecos de palito que vivem vidas breves na ignorância tanto de si mesmos quanto daqueles que morreram há muito tempo.

> **MANDAMENTOS:**
> Lembre-se de que a vida está acabando e faça o que é necessário
> enquanto é tempo.
> Viva no presente.
> Atenha-se ao essencial.

11. Aos preceitos anteriores, acrescente este: sempre definir — delinear — o que quer que se apresente à mente, de modo a conseguir vê-lo como de fato é: na sua substância. Nua, íntegra, inalterada. E tratá-la pelo nome — a coisa em si mesma, além de os elementos que a constituem e nos quais um dia ela será decomposta. Nada favorece tanto o crescimento espiritual quanto essa capacidade de analisar com lógica e exatidão tudo o que nos acontece. De olhar para a coisa de maneira tal que entendamos a necessidade a que ela satisfaz, o mundo em que a satisfaz e o valor que tem para esse mundo em geral e para o homem em particular — como cidadão daquela cidade mais nobre da qual todas as outras cidades são meras famílias.

Pergunte: o que ela é — esta coisa que agora se impõe à minha atenção? Do que ela se compõe? Quanto tempo ela durará na natureza das coisas? De que virtude preciso para responder a ela — tranquilidade, coragem, honestidade, lealdade, simplicidade, independência?

Assim, em cada caso desse tipo, você deve dizer: "Isto vem de Deus". Ou: "Isto se deve às tramas e urdiduras do destino, da coincidência ou do acaso". Ou: "Isto veio de um ser humano. Alguém da mesma espécie, do mesmo nascimento, da mesma sociedade que eu, mas que não sabe o que a natureza lhe exige. Mas eu sei. Portanto o tratarei como exige a lei que nos rege — a lei da natureza. Com bondade e com justiça. E em coisas irrelevantes? Farei o possível para tratá-lo como merece".

> **MANDAMENTO:**
> Veja as coisas como são.

12. Se você fizer o serviço com princípios, com diligência, com energia, com paciência, se ficar longe de distrações e mantiver o espírito dentro de você puro e forte, como se tivesse de devolvê-lo a qualquer momento; se conseguir fazer isso sem temer nada nem esperar nada, mas satisfeito com o que está fazendo agora, como a Natureza tencionou, e sendo de uma sinceridade heroica (em toda palavra, em toda declaração) — então sua vida será feliz.

Ninguém pode impedir que seja assim.

> **MANDAMENTOS:**
> Veja as coisas como são.
> Faça o que é certo.

> Seja sincero.
> Preserve o seu espírito.
> Atenha-se ao essencial.
> Tenha propósitos claros.
> Viva no presente.

COMENTÁRIO: A necessidade de manter o espírito (ou o guia interior, ou a divindade dentro de nós, ou a mente, ou a alma) puro, forte, limpo, incólume, imaculado etc. aparece várias vezes nestas *Meditações*. É assim porque, para Marcus Aurelius, o bem supremo é a virtude, que consiste em "viver como exige a natureza", conformar-se à realidade das coisas desenvolvendo o próprio caráter de acordo com a razão. A razão é essencialmente boa; conformar-se a ela é agir bem. "Caráter", etimologicamente, significa marca. Por mais insignificante que pareça, cada ato deixa em nós uma marca que nos afasta ou nos aproxima daquilo que queremos ser. Nosso caráter é resultado das marcas deixadas em nós pelos atos que realizamos muitas vezes. Toda ação minha me predispõe a repeti-la no futuro. Assim, quando "maculo" meu espírito com um ato mau, minha capacidade de agir bem diminui; eu me torno menos livre, menos capaz de viver "como exige a natureza". Todos nós, ainda que não tenhamos prestado atenção, já vimos o processo de destruição e de construção do caráter acontecer a nossa volta. Uma mentirinha ontem resultou numa traição hoje; uma esmola ontem foi uma conversão hoje. E as pessoas serão amanhã aquilo em que as transformarão as ações delas hoje. Cada ato conta.

13. Os médicos deixam os escalpelos e outros instrumentos à mão, em caso de emergências. Deixe sua filosofia à mão também — pronta para entender o céu e a terra. Em tudo o que fizer, mesmo nas menores coisas, lembre-se da cadeia que as liga. Nada terreno pode ser bem-feito ignorando o céu, nem nada celestial ignorando a terra.

MANDAMENTO: Veja as coisas como são.

14. Pare de se iludir. Você não vai reler os seus breves comentários, os Feitos dos antigos gregos e romanos nem os livros de citações que guardou para a velhice. Corra para cruzar a linha de chegada. Largue as esperanças vãs, e, se você se importa com o seu próprio bem, salve-se enquanto é possível.

> **MANDAMENTOS:**
> Lembre-se de que a vida está acabando e faça o que é necessário
> enquanto é tempo.
> Atenha-se ao essencial.

15. Eles não veem todos os sentidos de roubar, semear, comprar, descansar, fazer o que é certo. Para vê-lo, é necessário um outro órgão além do olho.

16. Corpo. Alma. Mente.

Sensações: o corpo.

Desejos: a alma.

Raciocínio: a mente.

Experimentar sensações: até os animais que pastam experimentam. Deixar-se controlar pelos desejos: até as feras selvagens deixam-se — e as pessoas no cio e os tiranos (de Phalaris a Nero...).

Fazer da mente o próprio guia para o que parece ser melhor: até as pessoas que negam os deuses o fazem. Até as pessoas que traem o próprio país. Até as pessoas que fazem coisas vergonhosas a portas fechadas.

Se todo o resto é moeda corrente, então o que é peculiar ao homem bom?

Receber com simpatia o que o destino lhe envia. Não manchar nem perturbar o espírito interior com uma barafunda de crenças falsas. Mas, ao contrário, preservá-lo fielmente pela obediência tranquila a Deus — sem dizer nenhuma inverdade, sem fazer nenhuma injustiça. E se os outros não derem valor a essa vida vivida com simplicidade, humildade e alegria, o homem bom não se magoará nem se deixará desviar do caminho até o fim da sua vida, ao qual pretende chegar com pureza, com serenidade, com aceitação, em tranquila harmonia com o que tem de ser.

> **MANDAMENTOS:**
> Aceite tudo o que acontece.
> Preserve o seu espírito.
> Veja as coisas como são.
> Não permita que o comportamento alheio determine o seu.

LIVRO IV

1. Quando obedece à natureza, nosso guia interior reage aos eventos acomodando-se ao que enfrenta — ao que é possível. Sem precisar de nenhum material específico, ele persegue os próprios fins à medida que as circunstâncias permitem, transformando os obstáculos em combustível. Assim como uma fogueira sobrepuja o que teria apagado uma lâmpada. O que é jogado em cima da conflagração é absorvido, consumido por ela — e faz com que arda ainda mais.

2. Nenhum ato ao acaso, nenhum que não se baseie em princípios fundamentais.

> **MANDAMENTO:**
> Tenha propósitos claros.

3. As pessoas sempre tentam escapar de tudo — indo para o campo, para a praia, para as montanhas. Você gostaria de poder fazer o mesmo. O que é uma estupidez: você pode escapar sempre que quiser.

Indo para dentro.

Não há lugar a que você possa ir que seja mais calmo — mais desprovido de interrupções — do que a própria alma. Especialmente se houver outras coisas às quais você possa se fiar. A lembrança de um instante e aí está: tranquilidade absoluta. E por tranquilidade entendo uma espécie de harmonia.

Portanto, continue escapando de tudo — assim. Revigore-se. Mas que seja simples e breve. Uma rápida visita basta para repelir o que incomoda e deixá-lo pronto para voltar e enfrentar o que o espera.

Do que você tem a se queixar? Da má conduta das pessoas? Mas considere:

- que os seres racionais existem uns para os outros;
- que fazer o que é certo às vezes exige paciência;
- que ninguém age errado deliberadamente;
- a quantidade de pessoas que brigaram e invejaram e odiaram e lutaram e morreram e foram enterradas.

... e fique de boca fechada.

Ou você vai se queixar das coisas que o mundo lhe atribui? Mas considere as duas opções: providência ou átomos. E todos os argumentos a favor de ver o mundo como uma cidade.

Ou vai se queixar do seu corpo? Lembre-se de que, quando a mente se separa e compreende a própria natureza, ela deixa de ter qualquer coisa a ver com a vida comum — seja no que tem de suave, seja no que tem de áspero. E lembre-se de tudo o que lhe ensinaram — e que você acatou — sobre a dor e o prazer.

Ou é a sua reputação que o incomoda? Mas veja a rapidez com que todos somos esquecidos. O abismo do tempo sem fim que engole tudo. O vazio de todas as mãos que aplaudem. As pessoas que nos louvam — como são caprichosas, como são arbitrárias. E a pequena região em que tudo isso acontece. Toda a Terra é um ponto no espaço — e a maior parte dela inabitada. Considere quantas pessoas haverá para admirá-lo e quem elas são.

Assim, tenha em mente este refúgio: a estrada de volta para si mesmo. Sobretudo, sem tensão e sem estresse. Seja honesto. Olhe para as coisas como homem, como ser humano, como cidadão, como mortal. E entre as coisas que encontrará, atente-se a estas duas:

a) As coisas não têm contanto com a alma. Elas são externas e inertes. Toda perturbação vem de dentro — das nossas próprias percepções.

b) Tudo o que você vê logo se alterará e deixará de existir. Pense em quantas mudanças você já viu. "O mundo não é nada além de mudança. Nossa vida é apenas percepção." (Democritus)

> **MANDAMENTOS:**
> Aceite tudo o que acontece.
> Não permita que a carne afete a mente.
> Não permita que o comportamento alheio determine o seu.
> Atenha-se ao essencial.
> Veja as coisas como são.
>
> **COMENTÁRIO:** Sempre é possível fugir para dentro de si mesmo. Por pior que seja o ambiente exterior, podemos nos refugiar na memória, na contemplação, no pensamento, na oração, onde quer que estejamos. Para quem não sabe como fazer isso, um bom começo é concentrar-se no ritmo da própria respiração: prestar atenção profunda em cada inspiração, na entrada do ar, no efeito dele no corpo, na saída dele. Pode ser conveniente aprender técnicas de meditação ou atenção plena (*mindfulness*).

4. Se o pensamento é comum a todos nós, também o é a razão — o que nos torna seres racionais.

Se é assim, também temos em comum a razão que nos dita o que fazer e o que não fazer.

Se é assim, temos uma lei natural em comum.

Portanto, somos concidadãos.

E concidadãos de algum lugar.

E nesse caso, nossa cidade deve ser o mundo. A que outra entidade poderia toda a humanidade pertencer? E dela — dessa cidade que temos em comum — vêm o pensamento e a razão e a lei.

De onde mais poderiam vir? A terra que me compõe deriva da terra, a água de algum outro elemento, o ar da própria fonte, o calor e o fogo da deles — pois nada vem do nada nem retorna ao nada.

Portanto, também o pensamento deve derivar de algum outro lugar.

5. Morte: algo como o nascimento, um mistério natural, elementos que se separam e recombinam. Não algo constrangedor. Não uma transgressão à razão nem à nossa natureza.

6. Existe um tipo de gente fadado a fazer isso. Seria como ter raiva de uma figueira por secretar seiva. (Seja como for, em pouco tempo vocês dois estarão mortos — mortos e esquecidos.)

7. Escolha não se ofender — e você não se sentirá ofendido.

Não se sinta ofendido — e você não se ofenderá.

MANDAMENTO: Não permita que o comportamento alheio determine o seu.

COMENTÁRIO: Esta lição é de extrema importância para o nosso tempo, pois cada vez se torna mais comum a postura contrária: a escolha de ofender-se e sentir-se ofendido. Ora, sentir-se ou não ofendido é altamente subjetivo: é impossível saber a intenção do outro, mas sentir-me ofendido é um estado subjetivo meu. Ao me entregar a ele, permito que o outro me afete e me transformo em vítima; na prática, me sujeito a ele e permito que mande em mim. Só o que faço me torna melhor ou pior, pois só o que faço depende de mim. O outro só pode me fazer mal se permito que a ação dele afete o meu caráter.

---

8. O que não torna o caráter de um homem pior não pode tornar sua vida pior: não pode prejudicá-lo nem por dentro nem por fora.

9. Foi melhor assim. Desse modo a Natureza não teve escolha a não ser fazê-lo.

10. Todo acontecimento é o certo. Examine de perto e verá que é assim.

Não só o certo em geral, mas certo. Como se alguém o tivesse pesado numa balança.

Continue a examinar de perto e incorpore-o nas suas ações: bondade — o que define uma boa pessoa.

Seja fiel a isso em tudo o que fizer.

11. Não o que o seu inimigo vê e espera que você veja, mas o que está lá de fato.

12. É necessário estar sempre disposto a: i) fazer somente o que o princípio da autoridade e da lei ordena, tendo em mente o bem dos homens; ii) reconsiderar sua posição, quando alguém conseguir corrigi-lo ou convertê-lo à dele. Mas a conversão deve sempre se basear na convicção de que a posição dele é a certa ou a que beneficia os outros — em nada mais. Não porque tenha mais apelo ou seja mais popular.

> **MANDAMENTOS:**
> Ame o próximo.
> Não permita que o comportamento alheio determine o seu.

13. Você tem mente?

— Sim.

Bem, então por que não a usa? Não é só isso o que você quer — que ela faça o trabalho dela?

14. Você subsiste como parte de algo e sumirá naquilo que produziu você. Ou, antes, será restituído à razão da qual todas as cosias procedem, sofrendo uma mudança.

15. Muitas lascas de incenso no mesmo altar. Uma se desintegra agora, outra mais tarde, mas não faz a menor diferença.

16. Agora eles o veem como um bicho, um macaco. Mas em uma semana pensarão que você é um deus — se você redescobrir suas crenças e honrar a razão.

17. Não viver como se tivesse infinitos anos pela frente. A morte o espreita. Enquanto você está vivo e é capaz — seja bom.

> **MANDAMENTO:**
> Lembre-se de que a vida está acabando e faça o que é necessário
> enquanto é tempo.

18. A tranquilidade que vem quando você deixa de se importar com o que dizem ou pensam ou fazem. Só o que você faz. (Isto é justo? É a coisa certa a fazer?)

Não se deixar distrair pelas trevas deles. Correr direto para a linha de chegada, firme.

> **MANDAMENTOS:**
> Não deixe que o comportamento alheio determine o seu.
> Faça o que é certo.

19. Os homens que se entusiasmam com a fama póstuma se esquecem de que as pessoas que se lembrarão deles logo estarão mortas também, assim como aquelas que virão depois destas. Até o momento em que a memória que se tem deles, passada de um para outro como a chama de uma vela, derreterá e se apagará.

Mas suponha que aqueles que se lembrassem de você fossem imortais e o seu renome não morresse. Que bem isso lhe faria? E não falo apenas de quando você estiver morto, mas durante a vida. De que servem os aplausos, a não ser para tornar a vida um pouco mais confortável?

Você está negligenciando os dons da natureza para se preocupar com as palavras de alguém no futuro.

> **MANDAMENTOS:**
> Não permita que o comportamento alheio determine o seu.
> Atenha-se ao essencial.

20. As coisas belas de qualquer tipo são belas em si mesmas e se bastam. O louvor é extrínseco. O objeto do louvor permanece o que era — nem melhor nem pior. Isso se aplica, creio, até coisas "belas" da vida cotidiana — objetos físicos, obras de arte.

Será que algo genuinamente belo precisa de complemento? Tanto quanto precisa a justiça — ou a verdade ou a bondade ou a humildade. Alguma dessas coisas melhora por ser louvada ou piora por ser desprezada? Se ninguém a admirar, a esmeralda se tornará imperfeita? Ou o ouro? Ou o marfim? Liras? Facas? Flores? Arbustos?

> **MANDAMENTO:**
> Não permita que o comportamento alheio determine o seu.

21. Se as nossas almas sobrevivem, como o ar encontra espaço para elas — todas elas — desde o começo dos tempos?

Como a terra encontra espaço para todos os corpos enterrados nela desde o começo dos tempos? Eles persistem por um período de tempo qualquer, e então, por meio da transformação e da decomposição, abrem espaço para outros. Assim também ocorre com as almas que habitam o ar. Depois de persistir por um tempo, elas se transformam — difundem-se, convertem-se em fogo e são absorvidas pela razão da qual todas as coisas provêm, abrindo espaço para que cheguem outras.

Uma resposta possível.

Mas não se deve pensar só na massa de corpos *enterrados*. Há aqueles que são consumidos, diariamente, por nós e por outros animais. Embora tantos sejam assim deglutidos, sepultados nos corpos daqueles que nutrem, há espaço para todos eles — convertidos em carne e sangue, transformados em ar e fogo.

Como se determina a verdade disso?

Pela análise: material e causa.

22. Não se deixar levar para lá e para cá, mas sempre se comportar com justiça e ver as coisas como elas são.

> **MANDAMENTOS:**
> Tenha propósitos claros.
> Veja as coisas como são.
> Faça o que é certo.

23. Mundo, a sua harmonia é a minha. Qualquer hora que você escolher é a hora certa: nem cedo, nem tarde.

Natureza, o que a mudança das suas estações me traz cai como fruta madura. Todas as coisas nascem de você, existem em você, retornam a você.

Se o poeta diz "querida cidade de Cécrops", você não diria "querida cidade de Zeus"?

> **MANDAMENTO:** Aceite tudo o que acontece, pois tudo é bom.

24. Diz Democritus: "Se busca a tranquilidade, faça menos". Ou, mais exatamente, faça o que é essencial — o que a razão de um ser social exige — e faça-o como é necessário. Isso trará uma dupla satisfação: fazer menos, melhor.

Porque a maioria daquilo que dizemos e fazemos não é essencial. Eliminado o supérfluo, você terá mais tempo e mais tranquilidade. Pergunte-se o tempo todo: "Isto é necessário?".

Também é necessário eliminar as suposições desnecessárias. Para eliminar os atos desnecessários que decorrem delas.

> **MANDAMENTOS:** Atenha-se ao essencial.
> Tenha propósitos claros.
>
> **COMENTÁRIO:** Vivemos agitados, ansiosos, com a impressão de que temos muito a fazer e pouco tempo para fazê-lo. Como o tempo é um só, a única alternativa é reduzir as atividades, eliminando o supérfluo. Mas enunciá-lo é mais fácil do que fazê-lo: todas as atividades nos parecem essenciais. Um bom método para descobrir o que é essencial de fato é fazer uma lista das próprias atividades diárias elencando-as em ordem de prioridade. É melhor, se possível, fazer a atividade mais importante do dia pela manhã, antes de ser levado pelo mar de distrações. Depois vem a segunda mais importante, e assim por diante. Convém ainda examinar o tempo que perdemos em atividades que não planejamos fazer, mas que vão aparecendo ao longo do dia: as ligações, as mensagens, as notificações, as redes sociais. É estarrecedor quanto tempo essas coisas nos tomam. A suposição desnecessária por trás disso é que precisamos responder a tudo imediatamente. Em vez de deixar que essas coisas nos dispersem ao longo do dia, o ideal é separar um tempo específico para elas e limitá-las a ele. Se possível, é proveitoso desativar notificações no celular e deixá-lo em outro cômodo em alguns momentos.

25. Aí talvez você veja como é a vida do homem bom — aquele que se contenta com o que a natureza lhe atribui e se satisfaz em ser justo e benevolente.

> **MANDAMENTOS:**
> Aceite tudo o que acontece.
> Ame o próximo.
> Faça o que é certo.

26. Você já viu aquilo ali. Agora olhe para cá.

Não se perturbe. Descomplique-se.

Alguém fez algum mal... foi mal só para si mesmo.

Alguma coisa lhe acontece. Ótimo. Foi a natureza que quis que isso lhe acontecesse, entrelaçando o acontecimento à trama desde o princípio.

A vida é curta: eis tudo o que há a dizer. Aproveite o presente o máximo que der — com ponderação, com justiça.

Moderação irrestrita.

> **MANDAMENTOS:** Aceite tudo o que acontece.
> Atenha-se ao essencial.
> Veja as coisas como são.
> Não permita que o comportamento alheio determine o seu.
> Viva no presente.

27. Ou o mundo é ordenado ou é uma confusão, mas ainda assim há uma ordem. Pode haver ordem dentro de você e não em tudo o mais? Em coisas tão diferentes, tão dispersas, tão entrelaçadas?

28. Caráter: obscuro, obstinado, feminino. Lobo, ovelha, criança, tolo, embusteiro, bufão, vendedor, tirano.

29. Estrangeiro (s.m.): aquele que não sabe o que o mundo contém. Ou como opera.

Fugitivo (s.m.): aquele que se esquiva de suas obrigações com os outros.

Cego (adj.): aquele que fica com os olhos da mente bem fechados.

Pobre (adj.): precisar dos outros; não ter em posse própria as necessidades da vida.

Rebelde (s. m. e f.): aquele que se rebela, que se afasta da razão da Natureza por insatisfação com as operações dela. (Foi ela que gerou você, e é ela que gera isso.)

Cismático (s. m.): aquele que separa a própria alma das outras almas racionais. Elas devem ser unas.

30. Um filósofo sem roupas e um sem livros. "Eu não tenho o que comer", diz ele, parado ali, quase nu, "mas vivo da razão". E sem ter o que ler, eu também vivo dela.

31. Ame a disciplina que você conhece e ampare-se nela. Confie tudo aos deuses de bom grado e abra caminho pela vida — senhor de ninguém e escravo de ninguém.

32. A era de Vespasian, por exemplo. As pessoas fazendo exatamente as mesmas coisas: casando-se, criando filhos, ficando doentes, morrendo, guerreando, dando festas, fazendo negócios, lavrando a terra, bajulando, gabando-se, desconfiando, tramando, esperando que os outros morram, reclamando das próprias vidas, apaixonando-se, guardando dinheiro, cobiçando poder e cargos elevados.

E as vidas que viveram não está mais em parte alguma.

Ou a era de Trajan. Exatamente as mesmas coisas. E essa vida também — já era.

Pesquise os registros de outras épocas. Veja quantas pessoas deram tudo de si e logo morreram e se decompuseram nos elementos que as formavam.

Mas, sobretudo, revise a lista daqueles que você mesmo conheceu. Aqueles que se esforçaram em vão, que fracassaram, que não fizeram o que deveriam ter feito — aquilo em que deveriam ter se concentrado e com que deveriam ter se contentado.

Algo essencial ter em mente: o valor da atenção varia em proporção ao seu objeto. É melhor não dedicar às pequenas coisas mais tempo do que merecem.

> **MANDAMENTOS:**
> Atenha-se ao essencial.
> Tenha propósitos claros.

33. Palavras que já foram de uso comum hoje soam arcaicas. Assim também os nomes dos mortos famosos: Camillus, Caeso, Volesus, Dentatus... Scipio e Cato... Augustus... Hadrian e Antoninus, e...

Tudo se esvai com imensa rapidez, transforma-se em lenda e logo é recoberto pelo esquecimento.

E esses são os que brilharam. O resto — "invisível, inaudível"[5] um minuto depois da morte. Que é a fama "eterna"? Vacuidade.

Então o que devemos buscar?

Só isto: compreensão correta; ação altruísta; discurso verdadeiro. A decisão firme de aceitar o que quer que aconteça como necessário e familiar, fluindo como água daquela mesma fonte e origem.

> **MANDAMENTOS:**
> Atenha-se ao essencial.
> Veja as coisas como são.
> Ame o próximo.
> Seja sincero.
> Faça o que é certo.
> Aceite tudo o que acontece.

---

5 Homero, *Odisseia*, I.242.

34. Entregue-se voluntariamente a Clotho[6] e deixe-a tecer com você o que quer que ela desejar.

> **MANDAMENTO:**
> Aceite tudo o que acontece.

35. Tudo transitório — aquele que conhece e aquilo que é conhecido.

36. Consciência permanente de que tudo nasce da mudança. Conhecimento de que nada há que a natureza mais ame do que alterar aquilo que existe e fazer com isso outras coisas similares. Tudo o que existe é semente de algo que surgirá. Você acha que as únicas sementes são as que geram bebês e plantas? Cave mais fundo.

37. À beira da morte e ainda sobrecarregado, ainda turbulento, ainda convencido de que as coisas externas podem lhe causar mal, ainda grosseiro com as outras pessoas, ainda sem reconhecer a verdade: que sabedoria é justiça.

38. Examine a mente dos sábios, veja o que fazem e o que não fazem.

39. Nada que se passa na mente de ninguém pode lhe fazer mal. Nem o podem as mudanças e transformações do mundo à sua volta.

— Então onde está o mal?

Na parte de você que julga o que é mau. Pare de julgar, que tudo ficará bem. Que essa parte permaneça imperturbável ainda que o corpo a que está atada seja esfaqueado, seja queimado, esteja fedendo de pus, seja consumido pelo câncer.

Dito de outro modo: ela precisa entender que aquilo que acontece a todos — tanto ao homem bom quanto ao homem mau — não é nem bom nem mau. Que o que acontece em qualquer vida — seja ou não vivida conforme a natureza — não é nem natural nem antinatural.

> **MANDAMENTOS:**
> Não permita que o comportamento alheio determine o seu.
> Não permita que a carne afete a mente.
> Aceite tudo o que acontece, pois tudo é bom.

---

6 Uma das Parcas da mitologia romana, fiandeiras que personificavam o destino, tendo em suas mãos os fios de cada vida humana.

> **COMENTÁRIO:** É essencial, como Marcus Aurelius repete várias vezes, distinguir o que as coisas são de fato dos nossos julgamentos a respeito delas. Elas são o que são; em si, são neutras. Nós é que as consideramos boas ou más, com base, invariavelmente, em percepções precárias. Precárias porque somos incapazes de compreender o significado de cada evento na ordem última das coisas e no nosso destino último. Um exemplo simples: quantas pessoas não atrasam, perdem um avião, irritam-se e depois descobrem que o avião caiu e aquilo lhes salvou a vida? Julgar tudo o que acontece é um erro, porque não temos conhecimento suficiente para julgar. E os efeitos são danosos: inutilmente nos aborrecemos, nos distraímos, nos enfraquecemos.

40. O mundo como um ser vivo — uma natureza, uma alma. Tenha isso em mente. Como tudo é absorvido nesta experiência única, movimenta-se com um movimento único. E como tudo ajuda a gerar tudo o mais, na mesma trama e teia.

41. "Uma mechinha de alma carregando um cadáver." — Epictetus.

42. Não há nada de mau em sofrer mudança — nem de bom em emergir dela.

43. O tempo é um rio, um violento fluxo de eventos que mal vislumbramos e já correu, e outro passa e já passou.

44. Tudo o que acontece é tão simples e familiar quanto a rosa na primavera, a fruta no verão: doença, morte, blasfêmia, conspiração... tudo o que deixa os estúpidos felizes ou irritados.

45. O que vem depois concorda com o que veio antes. Não como um catálogo aleatório ao qual se impõe uma ordem arbitrária, mas numa relação lógica. E assim como o que existe é ordenado e harmonioso, o que passa a existir também traz uma ordem. Não uma simples sequência, mas uma espantosa concordância.

46. Lembre-se de Heraclitus: "Quando a terra morre, torna-se água; a água, ar; o ar, fogo; e de volta ao começo".

"Os homens se esqueceram do caminho de casa."

"Os homens estão em desacordo com sua companheira mais constante" — a razão, que a tudo dirige. E "acham estranho aquilo com que se deparam todos os dias".

"Nossas palavras e ações não devem ser como as daqueles que dormem" (pois agimos e falamos nos sonhos também) "nem de filhos copiando os pais" — fazendo e dizendo o que nos disseram.

47. Suponha que um deus anunciasse que você morrerá ou amanhã ou depois de amanhã. Se você não for um completo covarde, não lhe importaria muito que fosse amanhã ou no dia seguinte — que diferença faria? Ora, a diferença entre viver até amanhã ou até depois de amanhã é a mesma que entre viver até amanhã ou até os cem anos.

> **MANDAMENTOS:**
> Não tema a morte.
> Viva no presente.

48. Jamais esqueça quantos médicos morreram depois de franzir o cenho sobre leitos de morte. Quantos astrólogos, depois de pomposas previsões sobre o fim dos outros. Quantos filósofos, depois de intermináveis investigações sobre a morte e a imortalidade. Quantos guerreiros, depois de infligir aos outros milhares de baixas. Quantos tiranos, depois de atrozes abusos do poder sobre a vida e a morte, como se fossem imortais.

Quantas cidades inteiras deixaram de existir: Helike, Pompeia, Herculano e incontáveis outras.

E todos aqueles que você conhecia, um por um. Um que deitou o outro no caixão e foi por sua vez enterrado, depois aquele que o enterrou — todos no mesmo breve espaço de tempo.

Em suma, esteja ciente disto: a vida humana é reles e breve. Ontem uma gota de sêmen; amanhã fluido de embalsamento, cinzas.

Passar por esta vida breve como exige a natureza. Deixá-la sem queixas.

Como uma azeitona que amadurece e cai. Louvando a terra que a gerou, agradecendo à árvore em que cresceu.

> **MANDAMENTO:**
> Aceite tudo o que acontece.

49. Ser como a rocha sobre a qual as ondas se quebram. Ela permanece impassível, e ao seu redor o mar furioso descansa.

— É um azar que isso tenha me acontecido.

Não. É uma sorte que tenha acontecido e eu não tenha deixado que me fizesse mal — nem que me abalasse no presente nem que me amedrontasse em relação ao futuro. O que aconteceu poderia ter acontecido a qualquer um. Mas nem todos seriam capazes de não deixar que lhes perturbasse. Por que ver mais azar no acontecimento que sorte na capacidade de suportá-lo?

Pode-se realmente considerar um azar algo que não viola a natureza humana? Ou você acha que algo que não contraria a vontade da natureza pode violá-la? Mas você sabe qual é a vontade dela. O que aconteceu o impede de agir com justiça, generosidade, autocontrole, sanidade, prudência, honestidade, humildade, retidão e todas as outras qualidades que permitem à natureza de uma pessoa realizar-se?

Assim, lembre-se deste princípio quando algo estiver prestes a lhe causar dor: a coisa em si não é um azar de maneira alguma; suportá-la e triunfar é a maior das sortes.

> **MANDAMENTOS:**
> Aceite tudo o que acontece.
> Não permita que o comportamento alheio determine o seu.
> Não permita que a carne afete a mente.
> Transforme os obstáculos em instrumentos.
>
> **COMENTÁRIO:** A arte de viver é a arte de transformar obstáculos em instrumentos. É assim em relação ao mundo externo, mas aqui Marcus Aurelius ensina uma lição valiosa: como fazê-lo em relação ao mundo interno. Se algo que foge ao meu controle me incomoda, posso transformar em um desafio suportá-lo. Assim, em vez de me perturbar e servir de obstáculo a mim, o acontecimento é uma oportunidade de fortalecimento do meu caráter. São inúmeras as aplicações dessa técnica. O sono, o cansaço, a fome, o incômodo com os outros podem ser transformados em desafios que me fortaleçam. Em vez de "não posso trabalhar porque estou com sono", posso dizer a mim mesmo: "Meu desafio hoje é trabalhar com sono. É precisamente porque estou com sono que devo trabalhar".

50. Uma tática simples, mas eficaz, contra o medo da morte: pense na lista dos homens que tiveram de ser arrancados da vida à força. O que ganharam morrendo velhos? Afinal de contas, estão todos a sete palmos abaixo da terra — Caedicianus, Fabius, Julian, Lepidus e todo o resto. Depois de enterrar os contemporâneos, foram enterrados quando chegou a sua vez.

Nosso tempo de vida é tão breve. E vivê-lo nessas circunstâncias, entre essas pessoas, neste corpo? Nada muito animador. Considere o abismo do tempo passado, o futuro infinito. Três dias de vida ou três gerações: qual é a diferença?

> **MANDAMENTO:**
> Não tema a morte.

51. Pegue a rota mais curta, aquela que a natureza traçou — falar e agir da forma mais salutar. Fazê-lo o libertará de toda dor e estresse, de todo cálculo e pretensão.

> **MANDAMENTOS:**
> Atenha-se ao essencial.
> Seja sincero.
> Faça o que é certo.

LIVRO V

1. De manhã, quando estiver com dificuldade para sair da cama, diga a si mesmo: "Eu preciso levantar e ir trabalhar como deve um ser humano. Vou me queixar de fazer o que nasci para fazer, o que vim ao mundo para fazer? Ou será que fui criado para ficar aconchegado e quentinho debaixo do cobertor?".

— Mas é mais gostoso aqui...

Quer dizer que você nasceu para ficar no "gostoso" em vez de agir e experimentar as coisas? Enquanto as plantas e os pássaros e as formigas e as aranhas e as abelhas executam a tarefa que lhes cabe, dando o máximo de si para ordenar o mundo, você se recusa a fazer seu serviço como um ser humano? Por que é que você não está correndo para fazer o que sua natureza exige?

— Mas a gente precisa dormir alguma hora...

Sim. Mas a natureza estabeleceu um limite para o sono, assim como para a comida e a bebida. E você já passou do limite, já dormiu mais que o suficiente. Mas ainda está abaixo da cota de trabalho.

Isso é falta de amor por si mesmo. Se tivesse amor por si mesmo, você amaria também a sua natureza e o que ela lhe exige. Aqueles que amam o que fazem ficam tão absorvidos no fazê-lo que até se esquecem de tomar banho e de comer. Você tem menos respeito pela sua natureza do que o gravador pela gravura, o dançarino pela dança, o avarento pelo dinheiro, o alpinista social pelo status? Quem é de fato apaixonado pelo que faz prefere parar de comer e de dormir a deixar de fazê-lo. Ajudar os outros tem menos valor para você? Não vale o esforço?

> **MANDAMENTOS:**
> Tenha propósitos claros.
> Não permita que a carne afete a mente.
> Ame o próximo.

2. Despojar-se e limpar-se de todo aborrecimento e de toda distração e alcançar a tranquilidade absoluta: brincadeira de criança.

3. Se uma ação ou declaração é certa, então é certa para você. Não se intimide com os comentários e críticas dos outros. Se dizê-lo ou fazê-lo é certo, então o certo é você dizê-lo ou fazê-lo.

Os outros obedecem a si próprios, seguem os próprios impulsos. Não se distraia. Siga em frente. Siga a sua própria natureza e siga a Natureza — na estrada que elas compartilham.

> **MANDAMENTOS:**
> Não permite que o comportamento alheio determine o seu.
> Faça o que é certo.
> Seja sincero.
>
> **COMENTÁRIO:** Uma confusão de motivos comum nas nossas ações é entre aquilo que é objetivamente certo e aquilo que agrada aos outros. Esta meditação estabelece um critério de ação que permite diferenciar os dois: o que é objetivamente certo, em si, é certo para mim, independentemente do que pareça aos outros.

4. Seguirei o caminho da natureza, até chegar a hora de cair e descansar. De confiar meu último suspiro à fonte dos meus suspiros diários, de cair sobre a terra que é fonte da semente do meu pai, do sangue da minha mãe, do leite da minha ama. Do que bebi e comi todos os dias por todos esses anos. Que suporta meus passos e as muitas formas de que abuso dela.

5. Ninguém jamais poderia acusá-lo de pensar rápido.

Tudo bem, mas há um punhado de outras coisas que não se pode dizer que "não estão em você". Pratique as virtudes que pode mostrar: honestidade, gravidade, resistência, austeridade, resignação, abstinência, paciência, sinceridade, moderação, seriedade, magnanimidade. Viu como você tem muito mais a oferecer do que desculpas como "não consigo"? E mesmo assim você se contenta com menos.

Será que você tem algum problema inato que o torna chorão e ávido e servil, que faz com que reclame do seu corpo e bajule e se exiba, que o deixa tão turbulento interiormente?

Não. Você já poderia ter se libertado há muito tempo. Aí seria só um pouquinho lento, "com um pouco de dificuldade de entender". E também é preciso trabalhar nessa lentidão. Não se deve ignorá-la, muito menos louvá-la.

6. Há pessoas que, quando fazem um favor a alguém, estão sempre de olho em uma oportunidade de cobrá-lo. Outras não cobram, mas continuam conscientes de tê-lo feito, ainda o consideram uma dívida. Outras há que não fazem nem isso. São como uma videira que produz uvas sem esperar nada em troca.

Um cavalo no fim da corrida...

Um cachorro depois da caça...

Uma abelha cheia de mel...

E um ser humano depois de ajudar os outros.

Sem nenhum alarde, elas simplesmente seguem em frente, assim como a videira espera frutificar de novo na próxima estação.

Deveríamos ser assim. Fazer o bem quase inconscientemente.

— Sim. Mas com consciência disso. Pois é característico dos seres sociais estar cientes de suas ações sociais e esperar que o próximo também esteja.

É verdade. Mas você não está me entendendo. Você vai acabar se enganando com argumentos verossímeis, como as pessoas que mencionei antes. Mas, se fizer esforço para entender o que estou dizendo, não há o menor perigo de se descuidar dos seus deveres sociais.

> **MANDAMENTOS:**
> Ame o próximo.
> Tenha propósitos claros.
> Faça o que é certo.
>
> **COMENTÁRIO:** Se um ato é bom, deve ser bom em si mesmo, sem necessidade de recompensa. Fazê-lo esperando algo em troca é corrompê-lo e corromper-se.

7. Oração dos atenienses:

> Zeus, faça chover, faça chover
> Nas terras e campos de Atenas.

Ou uma oração tão direta quanto essa ou oração nenhuma.

8. Assim como você ouve as pessoas dizerem que "o médico lhe prescreveu tal e tal coisa" (como cavalgadas ou banhos frios ou caminhadas descalço), diga assim: "A natureza lhe prescreveu a doença". Ou a cegueira. Ou

a perda de um membro. Ou o que seja. Naquele caso, "prescreveu" significa algo como "determinou de modo a promover a recuperação". Nesse caso, também. O que acontece a cada um de nós foi determinado. E promove nosso destino.

E quando dizemos que as coisas "têm lugar", falamos como os construtores, que dizem que os blocos de uma parede ou de uma pirâmide "têm seu lugar" na estrutura e se encaixam num molde harmonioso. Pois há uma harmonia única. Assim como o mundo forma um corpo único que abrange todos os corpos, o destino forma um propósito único que abrange todos os propósitos. Até completos iletrados reconhecem que é assim quando dizem que algo "chamou" isto ou aquilo. Chamou mesmo. Ou fez com que fosse prescrito. E, se foi, aceitemos — como aceitamos o que o médico prescreve. Nem sempre é agradável, mas acatamos, porque queremos melhorar. Veja a realização dos desígnios da natureza sob a mesma luz com que vê a sua saúde — e aceite o que acontecer (mesmo que pareça difícil de aceitar). Pois o que acontece leva à saúde do mundo e ao bem-estar e ao florescimento do próprio Zeus, que não causaria a ninguém algo que não trouxesse benefícios ao mundo como um todo. Natureza nenhuma o faria — causar algo que não fosse benéfico ao que ela rege.

Assim, há duas razões para acatar o que acontece. Uma é o que acontece a você. Foi prescrito para você e refere-se a você, numa trama tecida há muito tempo, pela mais antiga das causas.

A outra é o que acontece a cada indivíduo e parte determinante do bem-estar, da realização, até da existência mesma daquilo que dirige o mundo. Pois, quando se amputa qualquer coisa — qualquer coisa mesmo — da sua continuidade e coerência, o todo fica mutilado. Não só em suas partes, mas também em seus propósitos. E é isto o que você faz quando reclama: retalha e destrói.

> **MANDAMENTO:**
> Aceite tudo o que acontece.

9. Não se sinta exasperado nem derrotado porque seus dias não estão cheios de atos sábios e morais. Mas levante-se quando cair e contente-se em comportar-se como um ser humano, mesmo que imperfeito. Ame a jornada a que retornará.

E veja a filosofia não como uma professora, mas como a gaze com claras de ovos que alivia a oftalmia — como um unguento calmante, uma loção suave. Veja na obediência à razão não um peso, mas um alívio. Lembre-se: a filosofia requer só o que a sua natureza já exige. O que você tem buscado é alguma outra coisa — alguma coisa antinatural.

— Mas o que pode ser preferível?

E não é exatamente assim que o prazer nos embosca? A magnanimidade não seria preferível? Ou a liberdade? A honestidade? A prudência? A piedade? E há alguma coisa preferível ao pensamento em si — à lógica, à compreensão — na sua firmeza, na tranquilidade fluida?

MANDAMENTOS:

Atenha-se ao essencial.
Não permita que a carne afete a mente.
Veja as coisas como são.

COMENTÁRIO: A ideia de "amar a jornada" é essencial para que qualquer empreendimento seja vitorioso. Na maioria dos nossos fracassos, o que acontece é que nos desanimamos e desistimos diante da primeira falha: comemos um bombom e desistimos da dieta; não entendemos uma ideia e abandonamos o livro. Mas não é comer o bombom que estraga a dieta: é desistir dela por tê-lo comido. Se, depois de comer o bombom, voltássemos à dieta, aquelas calorias a mais seriam irrelevantes diante do conjunto final. O problema é que, depois do bombom, pensamos: "Já saí da dieta mesmo, agora não faz diferença". É aí que nos condenamos. Os tropeços são naturais. A vitória não consiste em não fracassar nunca, mas em voltar a lutar depois de cada fracasso: cair, levantar-se, cair, levantar-se é o processo normal de todos os empreendimentos bem-sucedidos. Assim, é preciso acostumar-se a amar o processo de levantar-se sempre depois de cada queda. Com isso, em vez do padrão de comportamento dos fracassados, que é fazer plano -> tropeçar -> abandonar plano, acostumamo-nos ao padrão de comportamento dos vitoriosos, que é fazer plano -> tropeçar -> voltar ao plano.

10. As coisas estão recobertas por tal véu de mistério que, a muitos filósofos competentes, pareceu impossível explicá-las. Até os estoicos têm dificuldade. Qualquer avaliação que façamos está sujeita a alterações — assim como estamos nós mesmos.

Examine-as de perto — veja como são impermanentes, como são sem sentido. Coisas que um pervertido pode ter, uma prostituta, um ladrão.

Observe depois a conduta das pessoas à sua volta. Mesmo as melhores são difíceis de suportar — para nem mencionar a dificuldade de suportar a si mesmo. Numa escuridão profunda dessas, num esgoto desses — no fluxo da matéria, do tempo, da mudança e das coisas mudadas —, não sei o que há a valorizar ou a buscar.

Muito antes pelo contrário. É preciso consolar-se esperando pela dissolução. E não ficar impaciente enquanto isso, mas refugiar-se nestas duas coisas:

i) Não pode me acontecer nada que não seja natural.

ii) Posso evitar fazer qualquer coisa que Deus e meu próprio espírito não aprovem. Ninguém pode me forçar a fazê-la.

> **MANDAMENTOS:**
> Veja as coisas como são.
> Não tema a morte.
> Não permita que o comportamento alheio determine o seu.

11. O que estou fazendo com a minha alma?

Examine-se para descobrir o que há nisso que você chama de mente e que tipo de alma você tem no momento. Uma alma de criança, de adolescente, de mulher? Uma alma de tirano? Uma alma de predador — ou de presa?

> **MANDAMENTO:**
> Preserve o seu espírito.

12. Outra forma de entender o que as pessoas comuns chamam de "bens":

Considere o que são os verdadeiros bens: prudência, autocontrole, justiça, coragem, digamos. Quem entendesse que "bens" significam essas coisas não conseguiria entender aquele provérbio: "O rico tem tantos bens que não tem onde cagar". O dito não faria o menor sentido. Ao passo que quem tivesse internalizado o sentido convencional seria perfeitamente capaz de entendê-lo, não teria a menor dificuldade em ver o que o autor quis dizer e o motivo da graça.

O que mostra que a maioria das pessoas de fato percebe uma distinção. Caso contrário, não veria o primeiro sentido como dissonante, rejeitando-o automaticamente, enquanto aceita o segundo — aquele que se refere à riqueza e às vantagens da celebridade e de uma vida luxuosa — como engraçado e pertinente.

Agora dê um passo além. Pergunte-se se devemos aceitar como bens — e devemos valorizar — as coisas em que se deve pensar para que o provérbio faça sentido — aquelas cuja abundância deixa quem as possui "sem lugar para cagar".

13. Sou composto de substância e daquilo que a anima, as quais não podem jamais deixar de existir, assim como não passaram a existir. Todas as partes de mim serão redistribuídas como outra porção do mundo, que por sua vez será depois transformada em outra, infinitamente.

Fui gerado por uma transformação desse tipo, e meus pais, também, e assim por diante para trás, infinitamente.

Nota à margem: ainda se aplica mesmo que o mundo passe por ciclos recorrentes.

14. A razão e o seu emprego são forças que bastam a si mesmas e a suas obras. Elas partem do próprio princípio e prosseguem até o fim estabelecido. Chamamos essas atividades de "dirigidas", porque o curso delas é dirigido.

15. Nada concerne aos seres humanos exceto o que nos define como humanos. Nada mais se pode exigir de nós. As outras coisas não são apropriadas à natureza humana, que não fica incompleta sem elas. Assim, elas não são a nossa fidelidade nem são meios para esta finalidade, que é o bem. Se alguma delas fosse apropriada para nós, seria impróprio desdenhá-las ou resistir-lhes. Além disso, não admiraríamos as pessoas que se mostram imunes a elas. Se essas coisas fossem boas em si mesmas, não poderia ser bom abdicar delas. Mas a verdade é que, quanto mais nos negamos essas coisas (e outras semelhantes) — ou mesmo somos privados delas involuntariamente —, melhores nos tornamos.

16. As coisas a respeito das quais você pensa determinam a qualidade da sua mente. Sua alma assume a cor dos seus pensamentos. Trate de colori-la com pensamentos deste tipo:

i) Em qualquer lugar em que possa viver, você pode viver uma vida boa.
— Pode-se viver na corte...
Então se pode viver uma vida boa.

ii) As coisas se dirigem àquilo para o que foram criadas.
Aquilo a que as coisas se dirigem é a finalidade delas.
A finalidade de uma coisa é o que a beneficia — seu bem.
O bem de um ser racional é a comunidade. É para isso que nascemos.
Não há nada de novo nisso. Lembra? As formas de vida menores servem às maiores, e as maiores servem umas às outras. As criaturas que têm

consciência são maiores que aquelas que não têm, e as que são dotadas de razão são ainda maiores.

> **MANDAMENTOS:**
> Ame o próximo.
> Veja as coisas como são.

17. É loucura desejar o que é impossível, e impossível aos perversos não o fazer.

18. Não acontece a ninguém nada que não possa suportar. A mesma coisa acontece a outras pessoas, e elas resistem sem se afetar — ou por pura incompreensão do que lhes aconteceu ou porque querem mostrar "caráter". A sabedoria é mesmo tão mais fraca que a ignorância e a vaidade?

19. As coisas não afetam a alma. Não têm acesso a ela, não podem afetá-la nem a dirigir. Só ela mesma se afeta e se dirige. Ela toma as coisas diante de si e as interpreta como lhe parece adequado.

20. Em certo sentido, as pessoas são aquilo com que temos mais afinidade, pois é nosso dever lhes fazer o bem e tolerá-las.

Mas, quando obstruem o nosso trabalho, transformam-se em coisas a que somos indiferentes — como o sol, o vento, os animais. Embora possam obstar nossas ações, elas não podem obstar nossas intenções e disposições. Pois nós podemos nos acomodar e nos adaptar. A mente se adapta e converte aos próprios propósitos os obstáculos à ação.

O obstáculo à ação promove a ação.

O que está no meio do caminho se torna o caminho.

> **MANDAMENTOS:**
> Não permita que o comportamento alheio determine o seu.
> Ame o próximo.
> Transforme os obstáculos em instrumentos.

COMENTÁRIO: Às vezes acreditamos que tudo seria ótimo se não enfrentássemos nenhuma dificuldade. Mas ensina o filósofo espanhol José Ortega y Gasset (1883-1956) que "as dificuldades com que tropeço para realizar minha vida são, precisamente, o que desperta e mobiliza minhas atividades, minhas capacidades. Se meu corpo não me pesasse, eu não poderia andar". O que seriam os grandes generais sem seus inimigos? O que seriam os grandes escritores sem seus dramas e tormentos? Para repetir o que já foi dito, a arte de viver é a arte de transformar os obstáculos em instrumentos. É precisamente no modo como reagimos às dificuldades das nossas circunstâncias concretas que definimos o que somos. Uma pessoa que sofreu abuso na infância pode passar a abusar dos outros, mas pode dedicar a vida a combater o abuso. Outra, jogada num ambiente brutal, pode escolher brutalizar-se ou transformar-se numa força para o bem entre os brutos. Um exemplo célebre é o do psiquiatra alemão Viktor Frankl (1905-1997). Mandado a um campo de concentração pelos nazistas, Frankl tirou da experiência os princípios que levariam à formulação da sua técnica psicoterapêutica, a logoterapia.

21. Honre o maior poder do mundo — aquele que faz uso de todas as coisas e dirige todas as coisas. E honre o maior poder em você: o que é semelhante a esse. Em você também é ele que faz uso de todas as coisas, e é ele que dirige a sua vida.

MANDAMENTO:
Preserve o seu espírito.

22. Se algo não prejudica a comunidade, não prejudica os membros dela.

Quando acreditar ter sido lesado, aplique esta regra: se a comunidade não tiver sido lesada, eu também não fui. E, se tiver sido, a raiva não é a resposta. Mostre ao transgressor onde ele errou.

MANDAMENTOS:
Não permita que o comportamento alheio determine o seu.
Ame o próximo.

23. Lembre-se da velocidade com que as coisas passam e somem — as que existem agora e aquelas que ainda passarão a existir. A existência flui por nós como um rio: o "que" está em fluxo constante, o "por que" tem milhares de variações. Nada é estável, nem mesmo o que está bem aqui. A

infinidade de lacunas do passado e do presente diante de nós — um abismo cuja profundidade não somos capazes de ver.

Assim, é preciso ser um idiota para dar-se muita importância, perturbar-se ou sentir qualquer tipo de indignação. Como se as coisas que nos irritam durassem.

> **MANDAMENTOS:**
> Veja as coisas como são.
> Atenha-se ao essencial.
>
> **COMENTÁRIO:** Para tentar manter-se relevante, a mídia contemporânea tornou-se uma fábrica de escândalos. Não há dia sem uma nova polêmica. As redes sociais nos prendem pela goela e nos exigem que tomemos posição. O enxame de ideias confusas conturba a nossa mente. Nossa atenção, parasitada, esmorece. Temos a sensação de estar numa crise permanente. O resultado é um constante estado de ansiedade e agitação. Para escapar desse estado, basta lembrar, como sugere Marcus Aurelius, que tudo isso é nada perto da escala maior das coisas. Hoje é uma polêmica; amanhã será outra. Nossa opinião não importa, porque a própria questão não importa.

24. Lembre-se:
Matéria. A porção que você tem dela é mínima.
Tempo. A parcela que você tem dele é breve e fugaz.
Destino. O papel que você desempenha nele é diminuto.

> **MANDAMENTO:**
> Veja as coisas como são.

25. Então o outro me fez mal? É problema dele. Seu caráter e suas ações não são os meus. O que é feito a mim é determinado pela natureza, o que eu faço pela minha natureza.

> **MANDAMENTO:**
> Não permita que o comportamento alheio determine o seu.

26. A mente governa a alma. Ela deve permanecer imperturbável diante das agitações da carne — tanto as gentis quanto as violentas. Sem se misturar a elas, deve erigir uma cerca em volta de si e confinar esses sentimentos

às partes que afetam. Quando eles chegarem ao pensamento por meio da ligação afetiva entre mente e corpo, não tente resistir à sensação. A sensação é natural. Mas não permita que a mente comece a julgar, chamando-a de "boa" ou "má".

> **MANDAMENTOS:**
> Não permita que a carne afete a mente.
> Veja as coisas como são.

27. "Viver com os deuses." Fazê-lo é mostrar-lhes que a alma aceita o que lhe é dado e faz o que o espírito exige — o espírito que Deus deu a cada um de nós para nos conduzir e guiar, um fragmento de si próprio. Que é a nossa mente, a nossa razão.

> **MANDAMENTOS:**
> Aceite tudo o que acontece.
> Veja as coisas como são.
> Faça o que é certo.

28. Não se irrite com o fedor ou o mau hálito dos outros. Para quê? Com aquela boca, com essas axilas, eles produzirão mesmo esse odor.

— Mas elas têm cérebro! Será que não conseguem perceber? Será que não conseguem reconhecer o problema?

Mas você também tem cérebro. Bom para você. Então use a sua lógica para despertar a dele. Mostre-lhe. Faça com que perceba. Se ele ouvir, problema resolvido. Sem raiva.

Não se comporte como um ator nem como uma prostituta.

> **MANDAMENTOS:**
> Não permita que o comportamento alheio determine o seu.
> Ame o próximo.

29. Você pode viver neste mundo como espera viver no outro.

Se não deixarem, você pode abandonar a vida agora sem perder nada. Se a fumaça me fizer tossir, posso ir embora. O que há de tão difícil nisso?

Até que as coisas cheguem a esse ponto, sou livre. Ninguém pode me impedir de fazer o que quero. E quero o que é próprio para seres racionais que vivem juntos.

> **MANDAMENTOS:**
> Não permita que o comportamento alheio determine o seu.
> Ame o próximo.
> Não tema a morte.

30. A inteligência do mundo não é egoísta.

Ela criou as coisas menores para as maiores e harmonizou as maiores entre si. Veja como ela subordina, como relaciona, como dá a cada uma o lugar que lhe é próprio e faz com que as melhores se alinhem.

31. Como tem sido a sua conduta com os deuses, os seus pais, os seus irmãos, a sua mulher, os seus filhos, os seus professores, as suas amas, os seus amigos, os seus parentes, os seus escravos? Algum deles recebeu de você algo "errado ou indigno"[7], em palavras ou atos?

Considere tudo pelo que você passou e tudo a que sobreviveu. Considere que a história da sua vida está contada, sua missão está cumprida. Quantas coisas boas você viu? A quanta dor e prazer resistiu? Quantas honras recusou? Com quantas pessoas que não são boas foi bom?

> **MANDAMENTOS:**
> Ame o próximo.
> Não permita que o comportamento alheio determine o seu.
> Faça o que é certo.
>
> **COMENTÁRIO:** "Uma vida não examinada não vale a pena ser vivida", dizia Sócrates. Um complemento natural de todos esses mandamentos é o constante exame de si mesmo e da própria vida para verificar em que medida eles estão sendo ou não cumpridos.

32. Por que almas ignorantes e sem habilidades perturbam a alma que tem habilidades e entendimento?

— E qual é essa?

Aquela que conhece o princípio e o fim, a razão que está presente em todas as coisas e que designa a todas um lugar, cada uma no período de vida que lhe é concedido, ao longo do todo o tempo.

33. Em breve você será cinzas ou ossos. Um simples nome, no máximo — e mesmo isso é só um som, um eco. As coisas que queremos da vida são vazias,

---

7 Homero, *Odisseia*, 4.690.

pútridas e fúteis: cachorros rosnando uns para os outros, crianças brigando, risos transformando-se logo em lágrimas. Fé, honra, justiça, verdade — "deixaram a terra e só podem ser encontradas no céu"[8].

O que você ainda está fazendo aqui? Os objetos sensoriais são variáveis e inconstantes; nossos sentidos são turvos e se enganam com facilidade; a própria alma é mera exalação de sangue; o sucesso num mundo desses é desprezível.

— E aí?

Espere pacientemente pelo que vier — aniquilação ou metamorfose.

— E até lá?

Honre e reverencie os deuses, trate os seres humanos como merecem, seja tolerante com os outros e rigoroso consigo mesmo. Lembre-se de que nada lhe pertence além do seu sangue e da sua carne — e nada mais está sob seu controle.

> **MANDAMENTOS:**
> Não tema a morte.
> Não permita que a carne afete a mente.
> Ame o próximo.

34. Você pode levar uma vida sem perturbações, contanto que seja capaz de crescer, pensar e agir sistematicamente.

Duas características que os deuses e os homens (e toda criatura racional) compartilham:

i) São imunes a qualquer empecilho externo.

ii) Procuram um bem que reside na disposição justa e na ação justa, limitando a isso os próprios desejos.

> **MANDAMENTOS:**
> Tenha propósitos claros.
> Atenha-se ao essencial.
> Não permita que o comportamento alheio determine o seu.

---

8 Hesíodo, *Os trabalhos e os dias*, 197.

35. Se este mal não foi produzido por mim; o resultado dele, também não; e a comunidade não foi prejudicada, por que ele deveria me incomodar? Onde está o perigo para a comunidade?

36. Não se deixe levar pela tristeza dos outros. Ampare-os do melhor modo que puder e tanto quanto o caso mereça, ainda que a tristeza seja pela perda de algo indiferente: mas não veja a perda como um mal real – trata-se da forma errada de pensar. Pense, ao contrário, no velho que pediu o brinquedo do órfão à beira da morte, embora soubesse perfeitamente bem que era só um brinquedo e nada mais.

E aí está você, anunciando sua piedade num palanque.

Esqueceu o que é o quê?

— Eu sei, mas era importante para eles.

E por isso você também tem de ser feito de tolo?

> ### MANDAMENTOS:
> Veja as coisas como são.
> Ame o próximo.

37. — Já fui um homem de sorte, mas em algum momento a sorte me abandonou.

Mas a verdadeira sorte é aquela que você cria para si mesmo. Boa sorte é bom caráter, boas intenções e boas ações.

LIVRO VI

1. A natureza é maleável, obediente. E a razão que a governa não tem motivo para fazer o mal. Ela não conhece o mal, não faz nenhum mal e não causa nenhum mal a nada. Ela dita todos os princípios e todos os fins.

2. Portanto faça o que é certo. O resto não importa.

Com frio ou aquecido.

Cansado ou descansado.

Desprezado ou honrado.

Morrendo... ou ocupado com outras tarefas.

Porque morrer também é uma das suas tarefas na vida. Nisso também: "Fazer o que precisa ser feito".

> **MANDAMENTOS:**
> Faça o que é certo.
> Não permita que a carne afete a mente.
> Atenha-se ao essencial.
> Não tema a morte.

3. Olhe para dentro. Não deixe que lhe escape a verdadeira natureza ou valor de nada.

4. Muito em breve, todas as coisas vivas serão transformadas, para subir como fumaça (presumindo que todas as coisas se tornem uma) ou dispersar-se em fragmentos.

5. A razão sabe onde se encontra, o que tem de fazer e o material de que dispõe para trabalhar.

6. A melhor vingança é não se tornar igual.

7. Passar de uma ação abnegada à outra com Deus em mente. Só aí há deleite e tranquilidade.

> **MANDAMENTOS:**
> Faça o que é certo.
> Ame o próximo.

8. A mente é aquilo que suscita e dirige a si mesma, faz consigo mesma o que escolhe e faz com que tudo o que acontece lhe pareça como deseja.

9. Tudo é causado pela natureza, não por algo além dela nem dentro dela nem fora dela.

10. Ou a) mistura, interação, dispersão; ou b) unidade, ordem, desígnio.

Suponha a): Por que eu desejaria viver na desordem e na confusão? Por que eu me importaria com qualquer coisa além do "pó ao pó" final? E por que eu teria qualquer tipo de preocupação? A dispersão é certa, não importa o que eu faça.

Ou suponha b): Reverência. Serenidade. Fé no poder responsável.

11. Quando desconcertado pelas circunstâncias, volte a si imediatamente, e não saia do ritmo mais do que o necessário. Você dominará a harmonia melhor voltando a ela constantemente.

> **MANDAMENTOS:**
> Não permita que o comportamento alheio determine o seu.
> Não permita que a carne afete a mente.
> Tenha propósitos claros.
>
> **COMENTÁRIO:** Por melhores que sejamos, às vezes saímos do ritmo ou, dito de outro modo, saímos do centro de nós mesmos: violamos os nossos princípios, fazemos o que não queremos fazer. Quando isso acontece, precisamos voltar ao centro assim que nos dermos conta disso. O método para fazê-lo é imaginar que estamos no centro e agir como se estivéssemos. É importante, quando recobramos a consciência, evitar as justificativas, análises e críticas. Elas são não apenas inúteis, mas também contraproducentes, pois nos mantêm afastados de nós mesmos, na nossa mente. A solução está na ação.

12. Se tivesse uma madrasta e uma mãe verdadeira, você daria atenção à madrasta, claro... mas é à casa da verdadeira mãe que retornaria.

A corte... e a filosofia: retorne sempre a ela, para repousar no seu colo. É o que torna a corte — e você — suportável.

13. É como ver uma carne assada na sua frente e perceber de repente: isto é um peixe morto. Ou um pássaro morto. Ou um porco morto. Ou que este vinho requintado é suco de uva, e os mantos púrpura são lã de ovelha pintada com sangue de marisco. Ou o ato sexual — algo se esfregando contra o seu pênis, uma breve convulsão e um pouco de líquido turvo.

Percepções assim — que penetram até o coração das coisas, de modo que vemos o que de fato são. É isso o que precisamos fazer o tempo todo, ao longo de toda a vida: quando as coisas parecerem razoáveis, despi-las e ver como são sem sentido, retirar a magia que as recobre.

O orgulho é um mestre do disfarce: quando você acredita ocupar-se dos temas mais importantes, aí é que está sob o poder dele.

(Compare Crates a Xenócrates.)

> **MANDAMENTOS:**
> Veja as coisas como são.
> Não permita que a carne afete a mente.
>
> **COMENTÁRIO:** Esta meditação fornece uma técnica para não dar muita importância a nada e não se deixar oprimir por coisa alguma: basta despir as coisas de seu aspecto simbólico, imaginativo, mágico, e reduzi-las ao seu aspecto mais básico, em geral material. Por exemplo, muitas pessoas, hoje em dia, fazem de tudo para receber "curtidas" nas redes sociais. Mas o que são essas curtidas? São o aplauso de pessoas que não conheço, que não me conhecem, que não têm a menor importância para mim e para as quais não tenho a menor importância. Outro exemplo: em que consiste o alcoolismo? Em ingerir certa substância para desfrutar de certas sensações no corpo, sacrificando para isso a própria vida.

14. As coisas com que as pessoas comuns se impressionam recaem na categoria do que é sustentado pela física simples (como pedras ou madeira) ou pelo crescimento natural (figueiras, videiras, oliveiras...). Aquelas que as pessoas de mente mais avançada admiram são sustentadas por uma alma viva (rebanhos de ovelhas, manadas de gado). Pessoas ainda mais sofisticadas admiram o que é guiado por uma mente racional — não a mente universal, mas uma mente admirada pelo conhecimento técnico ou por alguma outra habilidade.

Mas aquelas que reverenciam aquela outra mente — que todos compartilhamos, como seres humanos e cidadãos — não se interessam por essas outras coisas. Elas se concentram no estado da própria mente — em evitar todo egoísmo e falta de lógica e em cooperar com os outros para alcançar esse objetivo.

> **MANDAMENTOS:**
> Preserve o seu espírito.
> Ame o próximo.

15. Algumas coisas correm para nascer, outras, para morrer. Parte do que existe agora já se foi. A mudança e o fluxo estão sempre refazendo o mundo, assim como a progressão incessante do tempo refaz a eternidade.

Estamos num rio. Das coisas à nossa volta, ao que devemos dar valor, quando nada pode oferecer um ponto de apoio firme para os pés?

É como afeiçoar-se a um pardal: piscamos, e ele sumiu.

A própria vida: transitória como a exalação de sangue, a inspiração de ar. Expiramos a capacidade de respirar que inspiramos no nascimento (que foi ontem ou no dia anterior) como o ar que expelimos a cada momento.

16. O que devemos valorizar?

Não a simples transpiração (até as plantas transpiram).

Nem a respiração (até as bestas e feras selvagens respiram).

Nem ser surpreendido por pensamentos passageiros.

Nem ser sacolejado como uma marionete pelos próprios impulsos.

Nem se movimentar em manadas.

Nem comer e aliviar-se depois.

Então ao que se deve dar valor?

Aos aplausos de uma audiência? Não. Nem, igualmente, aos estalos de língua da audiência, que é só em que consiste o louvor do público.

Descartado o reconhecimento alheio, o que resta?

Creio que seja isto: fazer aquilo que fomos criados para fazer e não fazer o que fomos criados para não fazer. Essa é a finalidade de todos os ofícios, de todas as artes e ao que cada uma delas visa: que a coisa que criam faça o que foi criada para fazer. O viveirista que cuida da videira, o treinador de cavalos, o criador de cães — é isso a que visam. Assim como o ensino e a educação. Portanto, é isso que devemos valorizar. Atenha-se a isso, e você não terá a tentação de desejar nada mais.

E se não conseguir deixar de dar valor a outras coisas? Nesse caso, você jamais será livre — livre, independente, imperturbável. Porque sempre terá inveja e ciúmes, sempre terá medo de que os outros venham e lhe tomem tudo, sempre tramará contra aqueles que têm as cosias que você valoriza. Quem precisa dessas coisas está fadado a viver em desordem e a descontar as próprias frustrações nos deuses. Ao passo que respeitar a própria mente — valorizá-la — faz com que você fique satisfeito consigo mesmo, integre-se à comunidade e afine-se aos deuses — acatando o que lhe atribuem e o que ordenam.

> **MANDAMENTOS:**
> Tenha propósitos claros.
> Aceite tudo o que acontece.
> Não permita que o comportamento alheio determine o seu.
> Não permita que a carne afete a mente.
> Faça o que é certo.
> Preserve o seu espírito.

17. Os elementos se movem para cima, para baixo, em todas as direções. O movimento da virtude é diferente — mais profundo. Ela se move em ritmo constante em uma estrada difícil de discernir e sempre para a frente.

18. O modo como as pessoas se comportam. Recusam-se a admirar os contemporâneos, as pessoas com quem partilham a vida. Não isso, mas ser admirados pela posteridade — por pessoas que nunca viram e nunca verão — é isso que lhes move o coração. Daria no mesmo perturbar-se por não ser um herói para o próprio bisavô.

19. Não presumir que é impossível porque você acha difícil. Mas reconhecer que, se é humanamente possível, você também pode fazer.

20. No ringue, nossos oponentes podem nos retalhar com as unhas ou golpear com a cabeça e deixar uma contusão, mas não os denunciamos por isso, nem ficamos chateados com eles ou passamos a considerá-los violentos. Só ficamos de olho neles depois disso. Não ficamos com ódio nem com desconfiança, mas mantemos uma distância amigável.

Precisamos fazer isso em outras áreas. Precisamos desculpar o que nossos parceiros de luta fazem e simplesmente ficar longe deles — sem desconfiança nem ódio.

21. Se alguém conseguir me refutar — me mostrar que estou cometendo algum erro ou vendo as coisas da perspectiva errada —, ficarei contente em corrigir-me. O que busco é a verdade, e a verdade nunca fez mal a ninguém. O que faz mal é persistir no autoengano e na ignorância.

> **MANDAMENTO:**
> Seja sincero.

22. Faço o que me compete fazer; o resto não me perturba. O resto é inanimado ou irracional ou vaga ao acaso e perdeu o caminho.

23. Quando lidar com animais irracionais, com coisas e circunstâncias, seja generoso e simples. Você é racional; eles, não. Quando lidar com outros seres humanos, comporte-se como ser humano. Eles partilham da razão. E invoque os deuses em todas as circunstâncias.

Não se preocupe por quanto tempo continuará vivo para fazer isso. Uma única tarde bastaria.

> **MANDAMENTOS:**
> Ame o próximo.
> Veja as coisas como são.

24. Morreram tanto Alexandre, o Grande, quanto o seu tratador de mulas, e a mesma coisa aconteceu aos dois: foram ambos absorvidos na energia vital do mundo ou igualmente dissolvidos em átomos.

25. Pense em tudo o que acontece dentro de você a cada segundo — na sua alma, no seu corpo. Por que deveria surpreendê-lo que tanto mais — tudo o que acontece nesta unidade que a tudo abarca, o mundo — esteja acontecendo ao mesmo tempo?

26. Se um homem lhe perguntasse como se escreve seu nome, você apertaria os dentes e berraria as letras às cusparadas? Se isso o irritasse, você ficaria irritado de volta? Em vez disso, você não soletraria o nome, dizendo cada letra distintamente na ordem certa?

Lembre-se — suas responsabilidades também podem ser decompostas em partes distintas. Concentre-se nelas e termine o serviço metodicamente — sem ficar agitado nem responder à raiva com raiva.

> **MANDAMENTOS:**
> Tenha propósitos claros.
> Não permita que o comportamento alheio determine o seu.
> Ame o próximo.

27. Que crueldade — impedir que outros queiram o que acreditam ser bom para eles. Mas é exatamente isso que você faz quando se irrita com os

erros que cometem. Eles são arrastados pelo que acreditam ser bom para eles.

— Mas não é bom para eles.

Então lhes mostre isso. Prove-lhes. Em vez de perder a paciência.

> ### MANDAMENTOS:
> Não permita que o comportamento alheio determine o seu.
> Ame o próximo.

28. Morte. O fim da percepção sensorial, da submissão às emoções, da atividade mental, da escravidão ao corpo.

29. Deplorável: que a alma desista enquanto o corpo ainda está forte.

30. Fugir da imperialização — essa mancha indelével. Acontece. Continue simples, honesto, reverente, sério, natural, justo, piedoso, bom, afetuoso e devotado ao dever. Lute para ser a pessoa em que a filosofia tentou transformá-lo.

Reverencie os deuses; cuide dos seres humanos. A vida é curta. As únicas recompensas pela nossa existência aqui são um caráter imaculado e atos abnegados.

Tome sempre Antoninus como modelo. Sua energia para fazer o que era racional ... sua serenidade em qualquer situação ... sua reverência ... sua expressão calma ... sua gentileza ... sua modéstia ... sua avidez de entender as coisas. E como ele nunca abandonava as coisas antes de ter certeza de tê-las examinado inteiramente e entendido perfeitamente ... a forma como tolerava críticas injustas, sem devolvê-las ... como era impossível apressá-lo ... como não dava ouvido a delatores ... como julgava bem o caráter e os atos ... como não tinha propensão à maledicência, à covardia, aos ciúmes nem à retórica vazia ... contentava-se com o básico — em habitação, jogos de cama, roupas, comidas, empregados ... o quanto trabalhava, quanto suportava ... sua capacidade de trabalhar direto até anoitecer — por causa da sua dieta simples (ele não precisava nem sequer aliviar-se, exceto em horas determinadas) ... sua constância e confiabilidade como amigo ... sua tolerância com pessoas que questionavam abertamente suas visões e seu deleite em ver os outros melhorarem suas ideias ... sua piedade — sem um traço de superstição ...

De modo que, quando a sua hora chegar, a sua consciência esteja tão tranquila quanto estava a dele.

> **MANDAMENTOS:**
> Faça o que é certo.
> Tenha propósitos claros.
> Ame o próximo.
> Seja sincero.
> Preserve o seu espírito.

31. Acorde; volte a si. Agora, desperto, sabendo que eram só sonhos, com a cabeça fresca, trate tudo à sua volta como um sonho.

32. Sou composto de um corpo e de uma alma.

As coisas que acontecem ao corpo não significam nada. Ele é incapaz de discriminar entre elas.

Nada tem significado para a minha mente exceto suas próprias ações. Que estão sob seu próprio controle. E são só as imediatas que importam. As ações futuras e as passadas também não significam nada.

> **MANDAMENTOS:**
> Veja as coisas como são.
> Não permita que a carne afete a mente.
> Viva no presente.

33. É normal sentir dores nos pés e nas mãos, quando se usam os pés como pés e as mãos como mãos. E é normal que o ser humano sinta estresse — se estiver vivendo uma vida humana normal.

E se é normal, como pode ser ruim?

> **MANDAMENTO:** Aceite tudo o que acontece.
>
> **COMENTÁRIO:** Esta meditação nos lembra de que muitas vezes aquilo de que não gostamos ou tentamos fugir é, simplesmente, a vida. O cansaço, o estresse, a tensão em geral são sinais de que estamos fazendo exatamente o que deveríamos estar fazendo. E talvez Marcus Aurelius dissesse, se conhecesse esta expressão, na vida como no halterofilismo, no pain, no gain.

34. Ladrões, pervertidos, parricidas, ditadores: o tipo de prazer de que gostam.

35. Você já notou que os profissionais entram em acordo com o homem comum, mas sem fazer concessões a respeito do princípio racional de seu

ofício? Nós, enquanto seres humanos, deveríamos ter menos responsabilidade com o princípio racional da nossa existência do que arquitetos ou médicos têm com o de sua profissão? Um princípio racional que partilhamos com os deuses?

36. Ásia e Europa: recessos distantes do universo.

O oceano: uma gota de água.

O Monte Átos: uma pazada de terra.

O presente: um alfinete na eternidade.

Minúsculo, transitório, insignificante.

Tudo deriva dela — aquela mente universal — como efeito ou como consequência. A mandíbula do leão, as substâncias venenosas e todas as coisas prejudiciais — dos espinhos à lama — são subprodutos do bom e do belo. Assim, não as veja como estrangeiras àquilo que você reverencia, mas concentre-se na fonte da qual todas as coisas fluem.

> **MANDAMENTOS:**
> Aceite tudo o que acontece.
> Veja as coisas como são.

37. Se você já viu o presente, já viu tudo — como foi desde o princípio, como será para sempre. Tudo a mesma substância, a mesma forma.

38. Continue lembrando-se do modo como as coisas estão ligadas, do parentesco entre elas. Todas as coisas estão implicadas umas nas outras e em harmonia umas com as outras. Este evento é consequência de algum outro. As coisas puxam e empurram umas às outras, e respiram juntas, e são unas.

> **MANDAMENTO:**
> Veja as coisas como são.

39. As coisas determinadas para você — ensine-se a estar de acordo com elas. E as pessoas que as partilham com você — trate-as amor.

Com amor verdadeiro.

> **MANDAMENTOS:**
> Aceite tudo o que acontece.
> Ame o próximo.

40. Instrumentos, ferramentas, equipamentos. Se fazem aquilo para que foram criados, funcionam. Ainda que a pessoa que os criou esteja a quilômetros de distância.

Mas com as coisas que ocorrem naturalmente, a força que as criou está presente dentro delas e permanece lá. Motivo pelo qual devemos a ela reverência especial, com o reconhecimento de que, se você viver e agir como ela dita, tudo em você estará ordenado de modo inteligente. Assim como está tudo no mundo.

41. Você pega coisas que não controla e as define como "boas" ou "más". E é claro que, quando as coisas "más" acontecem, ou as "boas" não acontecem, você culpa os deuses e sente ódio das pessoas responsáveis — ou daqueles que você decide responsabilizar. Muito da nossa má conduta vem de tentar aplicar esses critérios. Se limitássemos o "bom" e o "mau" às nossas próprias ações, não teríamos ocasião de reclamar de Deus nem de tratar as outras pessoas como inimigas.

> **MANDAMENTOS:**
> Aceite tudo o que acontece.
> Veja as coisas como são.
> Não permita que o comportamento alheio determine o seu.
>
> **COMENTÁRIO:** Quanto da nossa raiva, da nossa impaciência, dos nossos conflitos com os outros deixariam de existir se "limitássemos o 'bom' e o 'mau' às nossas próprias ações", que são, afinal, as únicas sobre as quais temos controle? Todos já passamos pela experiência de acreditar que o outro está agindo propositadamente para nos atrapalhar, mas raramente é o caso. O outro está preocupado com a vida dele; em geral, não lhe passam pela cabeça os efeitos que as suas ações podem ter sobre nós. Por isso é que é bastante benéfico para a saúde mental o esforço constante de importar-se apenas com as próprias ações e suportar com paciência as dos outros. No máximo, quando necessário, pedir-lhes que se comportem de modo diferente sem lhes atribuir más intenções nem ter raiva deles.

42. Todos nós estamos trabalhando no mesmo projeto. Alguns conscientemente, com compreensão; outros sem saber disso. (Creio que seja isto o que Heraclitus quis dizer quando afirmou que "aqueles que dormem também estão trabalhando pesado" — que eles também colaboram com o que acontece.) Alguns de nós trabalham de uma forma, outros, de outra. E

aqueles que reclamam e tentam obstruir e frustrar as coisas ajudam tanto quanto todos os outros. O mundo também precisa deles.

Assim, decida com quem você escolherá trabalhar. A força que dirige todas as coisas fará bom uso de você de qualquer modo, alistando-o entre os empregados dela e pondo-o para trabalhar. Evite apenas que o seu seja o serviço de que fala Crísipo: o de dizer besteiras na peça para que os outros riam.

> **MANDAMENTOS:**
> Aceite tudo o que acontece.
> Veja as coisas como são.
> Faça o que é certo.

> **COMENTÁRIO:** Todos temos de fazer certas atividades necessárias à continuidade da nossa própria vida, como trabalhar. Diante disso, a escolha é fazê-las como quem carrega um terrível fardo que lhe jogaram sobre os ombros ou como quem faz algo de valor que decidiu fazer bem e a que dedica o melhor de si. A segunda opção dá sentido à atividade e à nossa vida, beneficia os outros, melhora a nossa convivência com eles e nos leva à vitória. A primeira nos torna amargos, vazios, irritantes e fracassados, como aquelas pessoas que nos tratam mal porque certamente estão se sentindo muito pior, independentemente da profissão que exercem – pode ser o garçom que o atende em um restaurante ou o advogado em seu escritório.

43. O sol tenta fazer o trabalho da chuva? Ou Esculápio o de Demeter? E quanto às estrelas — diferentes, mas trabalhando juntas?

44. Se os deuses tomaram decisões quanto a mim e às coisas que acontecem a mim, então foram boas decisões. (É difícil imaginar um Deus que tome decisões más.) E por que eles despenderiam suas energias em me causar mal? Que bem faria a eles — ou ao mundo, que é a preocupação primária deles?

E se não tomaram decisões a respeito de mim enquanto indivíduo, certamente tomaram a respeito do bem comum. E qualquer coisa que derive disso é algo que tenho de saudar e acatar.

E se eles não tomam decisões a respeito de nada — e é uma blasfêmia sequer pensar nisso (pois, se é assim, paremos de fazer sacrifícios, orar, prestar juramentos e fazer todas as outras coisas que fazemos acreditando que os deuses estão bem aqui conosco) —, se eles não decidem nada a respeito das nossas vidas... bem, eu ainda posso tomar decisões. Ainda posso considerar o que é o melhor. E o que é melhor para qualquer um é fazer o que a própria natureza exige. E a minha é racional. Racional e cívica.

Minha cidade e minha pátria são Roma — como as de Antoninus. Mas como ser humano? O mundo. Assim, para mim, "o melhor" só pode significar o que é o melhor para ambas as comunidades.

> ### MANDAMENTOS:
> Faça o que é certo.
> Ame o próximo.

45. O que quer que aconteça a você é para o bem do mundo. Não só isso, mas, se examinar mais de perto, você verá também em geral outra coisa: que o que acontece a uma única pessoa é para o bem de outras. (Bem no sentido comum — como o mundo o define.)

> ### MANDAMENTO:
> Aceite tudo o que acontece.

46. Assim como a arena e os outros espetáculos cansam você — que já viu tudo isso antes — e a repetição lhe dá nos nervos, assim também acontece com a vida. As mesmas coisas, as mesmas causas, de todos os lados.

Por mais quanto tempo?

47. Medite sempre sobre isto: pessoas de todos os tipos morreram — de todas as profissões, de todas as nacionalidades. Siga a linha de raciocínio até chegar a Philistion, Phoebus e Origanion. Agora a leve a outros tipos de homens.

Nós também temos de ir para lá, para onde todos eles já foram:

... os eloquentes e os sábios — Heraclitus, Pitágoras, Sócrates...

... os heróis antigos, os soldados e os reis que os seguiram...

... Eudoxus, Hipparchus, Archimedes...

... os inteligentes, os generosos, os trabalhadores, os astutos, os egoístas...

... e até Menippus e seu bando, que riram da coisa toda, breve e frágil.

Todos debaixo da terra há muito tempo.

E que mal isso lhes causa? Ou aos outros — aqueles dos quais nem sequer sabemos o nome?

A única coisa que tem algum valor: viver esta vida na verdade e com justiça e ter paciência com aqueles que fazem o contrário.

> **MANDAMENTOS:**
>
> Não tema a morte.
>
> Ame o próximo.
>
> Faça o que é certo.
>
> Seja sincero.

48. Quando precisar de encorajamento, pense nas qualidades que as pessoas à sua volta têm: a energia deste, a modéstia daquele, a generosidade do outro, e assim por diante. Nada encoraja mais do que ver as virtudes encarnadas nas pessoas à nossa volta, quando elas praticamente chovem em nós.

É bom lembrar-se disso.

> **MANDAMENTO:**
>
> Veja as coisas como são.
>
> **COMENTÁRIO:** Tendemos a diminuir as pessoas com quem vivemos, minimizando suas virtudes, explicando-as por causas alheias a elas e tentando encontrar defeitos que as compensem. Mas é muito mais produtivo fazer o exercício de tentar encontrar, admirar e imitar as virtudes delas. Assim, em vez de nos oprimirem, as virtudes alheias nos encorajam a desenvolvê-las em nós.

49. Não o incomoda que você pese só tantos ou quantos quilos, e não 150. Por que deveria incomodá-lo ter só tantos ou quantos anos para viver, e não mais? Você aceita os limites estabelecidos para o seu corpo. Aceite os estabelecidos para o seu tempo.

> **MANDAMENTOS:**
>
> Não tema a morte.
>
> Aceite tudo o que acontece.

50. Esforce-se ao máximo para convencê-los. Mas aja por conta própria, se a justiça exigir. Se lhe opuserem força, retroceda à aceitação pacífica. Use o revés para praticar outras virtudes.

Lembre-se de que os nossos esforços estão sujeitos às circunstâncias; você não visava fazer o impossível.

— Visava fazer o quê, então?

Tentar. E conseguiu. O que você planejou fazer está consumado.

> **MANDAMENTO:**
> Não permita que o comportamento alheio determine o seu.

51. Amar a glória é atrelar o próprio bem-estar ao que outras pessoas dizem ou fazem.

Amar o prazer é atrelá-lo ao que lhe acontece.

Amar a sanidade é atrelá-lo às próprias ações.

52. É possível não entender nada disso e não ficar com a mente perturbada: as coisas não têm por conta própria nenhum poder inerente de formar o nosso juízo.

53. Pratique ouvir de fato o que as pessoas dizem. Esforce-se ao máximo para entrar na mente delas.

54. O que prejudica a colmeia prejudica a abelha.

55. Se a tripulação contestasse o capitão, ou os pacientes o médico, que autoridade eles aceitariam? Como os passageiros poderiam ficar seguros ou o paciente saudável?

56. Todas aquelas pessoas que vieram ao mundo comigo e já foram embora!

57. O mel tem sabor amargo para o homem com icterícia. As pessoas que sofrem de hidrofobia têm pavor de água. E a ideia que a criança tem de beleza é uma bola. Por que isso irrita você? Você acha que a falsidade tem menos poder que a bile ou um cão hidrófobo?

58. Ninguém pode impedi-lo de viver como a sua natureza exige. Não pode lhe acontecer nada que não seja exigido pela Natureza.

> **MANDAMENTOS:**
> Não permita que o comportamento alheio determine o seu.
> Aceite tudo o que acontece.

59. As pessoas a quem desejam agradar e os resultados das coisas que fazem para isso. Com que rapidez tudo será apagado pelo tempo — e quanto já foi.

LIVRO VII

1. Mal: o mesmo de sempre.

Não importa o que aconteça, tenha isto em mente: é o mesmo de sempre, de uma ponta à outra do mundo. Ele enche os livros de história, antiga e moderna, e as cidades, e também as casas. Absolutamente nada de novo.

Familiar, transitório.

2. Não é possível apagar o entendimento a não ser que se extingam os lampejos que o compõem. Mas é possível reacendê-lo por vontade própria, como carvão em brasa. Se posso controlar meus pensamentos conforme necessário, o que me perturbará? O que está fora da minha mente não significa nada para mim. Absorva essa lição, que seu pé ficará firmemente plantado na terra. Você poderá retornar à vida. Olhe para as coisas como olhava antes. E a vida retorna.

MANDAMENTOS:
Veja as coisas como são.
Atenha-se ao essencial.

COMENTÁRIO: Nosso mundo é um permanente bombardeio de informações. Também é assim na nossa vida pessoal: com a internet, estamos em permanente contato com pessoas que já não fazem, e que não gostaríamos que fizessem, parte da nossa vida. Isso gera cada vez mais tensões e perturbações. Assim, é oportuno lembrar que "o que está fora da minha mente não significa nada pra mim". Se saber das novidades da vida de uma pessoa me perturba, talvez convenha romper o contato virtual com ela, deixar de segui-la ou bloqueá-la. Se certas notícias sobre os acontecimentos do dia ou os comentários que fazem a elas são um transtorno para mim, posso evitar ter contato com isso e remover a perturbação – "o que está fora da minha mente não significa nada para mim".

3. O alvoroço sem sentido das procissões, das peças de teatro, dos rebanhos de ovelhas e gado, dos exercícios militares. Um osso atirado ao cachorro, um pouquinho de comida no tanque de peixes. A miserável servidão das formigas, a correria dos ratos assustados, as marionetes balançando nas cordas.

Cercados como estamos por tudo isso, precisamos praticar a aceitação. Sem desprezo. Mas lembrando que o nosso valor é medido por aquilo a que dedicamos nossa energia.

> **MANDAMENTOS:**
> Veja as coisas como são.
> Aceite tudo o que acontece.

4. Pese cada palavra dita; observe cada movimento feito. Na ação, descubra o objetivo de cada movimento. No discurso, saiba o sentido de cada palavra.

> **MANDAMENTO:**
> Atenha-se ao essencial.

5. Meu intelecto está à altura disto? Se estiver, vou usá-lo, como uma ferramenta fornecida pela natureza. Se não estiver, passarei o serviço a alguém que pode executá-lo melhor — a não ser que eu não tenha escolha.

Ou faço o melhor que conseguir com ele, colaborando com quem quer que possa ajudar a fazer o que a comunidade precisa que seja feito. Pois o que quer que eu faça — sozinho ou com os outros — só pode visar uma coisa: o bem comum.

> **MANDAMENTO:**
> Ame o próximo.

6. Tantos que eram lembrados já foram esquecidos, e aqueles que se lembravam deles já se foram há muito.

7. Não se envergonhe de precisar de ajuda. Como um soldado assaltando uma muralha, você tem uma missão a cumprir. E se tiver sido ferido e precisar que um camarada o levante, qual é o problema?

> **MANDAMENTO:**
> Ame o próximo.

8. Esqueça o futuro. Quando e se ele chegar, você contará com os mesmos recursos — a mesma razão.

> **MANDAMENTO:**
> Atenha-se ao essencial.
>
> **COMENTÁRIO:** Passamos a vida preocupados com o futuro e, com isso, deixamos de viver o presente, que é só o que temos para viver. Mas quando o futuro chegar, será outro presente – e nele, ensina-nos Marcus Aurelius, teremos os mesmos recursos que temos no presente, a mesma razão. Portanto, nada há de mais contraproducente que o excesso de preocupação com o futuro.

9. Tudo está entrelaçado, e a trama é sagrada; não há nenhuma de suas partes que não esteja interconectada às outras. Elas estão em ordem harmônica e juntas compõem o mundo.

Um mundo composto de todas as coisas.

Uma divindade presente em todas elas.

Uma substância e uma lei — a racionalidade que todos os seres racionais compartilham.

E uma verdade — se de fato houver também uma perfeição de todos os seres cognatos que participam da mesma razão.

10. Toda substância é logo absorvida na natureza, tudo o que a anima logo restituído à razão universal, todo traço de ambos é logo enterrado pelo tempo.

11. Para um ser racional, uma ação antinatural é aquela que conflita com a razão.

12. Direito, não endireitado.

13. Os seres racionais têm coletivamente a mesma relação que os vários membros distintos de um único ser, e foram feitos para funcionar como uma unidade.

Isso ficará mais claro se você se lembrar de que é um membro (melos) distinto de um corpo maior — um corpo racional. Se, em vez disso, alterando uma única letra, você disser que é "uma parte" (meros), não abarcará as outras pessoas. Fazer-lhes o bem ainda não será um fim em si mesmo, um ato de benevolência que você faz como se o fizesse para si próprio, mas só um dever, a coisa certa a fazer.

> **MANDAMENTO:**
> Ame o próximo.

14. Que a coisa que quiser acontecer aconteça àquelas partes de mim que podem ser afetadas por ela — e essas partes, se quiserem, que reclamem. A mim isso não faz mal, a não ser que eu julgue que faz: e posso escolher não julgar.

> **MANDAMENTOS:**
> Não permita que a carne afete a mente.
> Veja as coisas como são.
>
> **COMENTÁRIOS:** Muitas vezes, quando estamos com fome, não conseguimos trabalhar ou ler. No entanto, sabemos que outras vezes conseguimos fazê-lo perfeitamente, por maior que seja a nossa fome. Sabemos também que há pessoas cuja capacidade de fazer essas coisas não é afetada em nada pela fome. Por que é assim? Porque em geral não é a fome que prejudica nossa capacidade de concentração: é a importância que damos a ela, é julgar que ela é um mal. Isso vale para o sono, para o cansaço, para a tristeza, para a dor: não são essas coisas que nos impedem de fazer o que precisamos fazer, mas o pensamento de que impedem. Em outras palavras, é o julgamento que fazemos delas. Para evitar que seja assim, basta deixar que essas coisas afetem "as partes de mim que podem ser afetadas por elas" enquanto eu mesmo escolho não me deixar afetar.

15. Não importa o que digam ou façam, minha missão é ser bom. Como uma pepita de ouro ou uma esmeralda repetindo para si mesma: "Não importa o que digam ou façam, minha tarefa é ser uma esmeralda, deixando minha cor intacta".

> **MANDAMENTO:**
> Não permita que o comportamento alheio determine o seu.

16. A mente não obstrui a si mesma. Não amedronta a si mesma nem provoca desejos em si mesma. Se outras coisas conseguirem amedrontá-la

ou prejudicá-la, que o façam; por conta própria, com base no próprio juízo, ela não irá por esse caminho.

Que o corpo evite o desconforto (se conseguir) e, se o sentir, que o diga. Mas o que sente medo ou dor e o que avalia essas coisas é a alma, e ela não sofre nada, pois jamais concluirá que sofreu.

Em si mesma, a mente não tem necessidade nenhuma, exceto aquelas que ela própria cria. É imperturbável, exceto pelas próprias perturbações. Não conhece obstruções, exceto aquelas que vêm de dentro.

> **MANDAMENTOS:**
> Não permita que a carne afete a mente.
> Preserve o seu espírito.

17. A felicidade é um deus benigno ou uma graça divina.

Por que, então, imaginação minha, você faz o que faz? Saia já daqui, volte para onde veio: não preciso de você. Sim, eu sei, você veio pela força do hábito. Não, não estou com raiva de você. Mas vá embora logo.

18. Com medo da mudança? Mas o que pode existir sem ela? O que está mais perto do coração da natureza? É possível tomar um banho quente e manter a lenha como era? Comer sem transformar a comida? Algum processo vital pode ocorrer sem que algo seja mudado?

Está vendo? É exatamente a mesma coisa com você — e igualmente vital para a natureza.

19. São levados pela existência como por uma vertiginosa correnteza. Todos os corpos. Que emergem da natureza e cooperam com ela, como nossos membros uns com os outros. O tempo engoliu um Chrysippus, um Sócrates e um Epictetus, muitas e muitas vezes.

O mesmo vale para todas as pessoas e todas as coisas.

20. Meu único medo é fazer algo contrário à natureza humana — a coisa errada, do modo errado ou na hora errada.

21. Perto de esquecer tudo isso, perto de ser esquecido.

22. Amar mesmo aqueles que erram é da natureza humana. Para ser capaz disso, você precisa simplesmente reconhecer que eles também são humanos, que agem por ignorância, contra a vontade, e que você e eles estarão mortos em breve. E, sobretudo, que eles não prejudicam você de fato, pois não diminuem sua capacidade de escolher.

> **MANDAMENTOS:**
> Ame o próximo.
> Não permita que o comportamento alheio determine o seu.

23. A natureza pega a substância e faz um cavalo. Como um escultor com a cera. Depois o derrete e usa o material para uma árvore. Depois para uma pessoa. Depois para alguma outra coisa. Cada uma delas existe por um tempo breve.

Não faz mal algum ao recipiente ser montado, assim como não faz mal ser desmontado.

24. O semblante raivoso é antinatural. No rosto dado à carranca, a beleza vai se dissipando até apagar-se completamente, sem que se possa reanimá-la. Tente compreender, a partir disso, o que há de antinatural nela. (Se até a consciência de agir mal desaparecer, por que continuar vivendo?)

25. Dentro em pouco, a natureza, que controla tudo isso, transformará tudo o que você vê, usando-o como material para alguma outra coisa — uma e outra vez. De modo que o mundo seja sempre renovado.

26. Quando um homem lhe causar algum dano, pergunte-se que bem ou que mal ele pensou que adviria disso. Se entender isso, você não ficará com raiva nem se sentirá ultrajado, mas terá pena dele. Talvez o conceito que você tem de bem e de mal seja igual ao dele, ou parecido, caso em que você terá de desculpá-lo. Mas se o conceito de bem e de mal que você tem for diferente do dele, ele está enganado e merece compaixão. É tão difícil assim?

> **MANDAMENTOS:**
> Ame o próximo.
> Não permita que o comportamento alheio determine o seu.

27. Trate o que você não tem como se não existisse. Olhe para o que você tem, as coisas a que dá mais valor, e pense o quanto as desejaria se não as tivesse. Mas tome cuidado. Não fique satisfeito a ponto de começar a dar valor demais a elas, de modo que ficaria perturbado se as perdesse.

> **MANDAMENTO:**
> Não permita que a carne afete a mente.

28. Retire-se para dentro de si mesmo: satisfazemos as exigências da mente quando fazemos o que temos de fazer e obtemos a calma que isso nos traz.

29. Descarte as percepções falsas.

Pare de ser sacolejado como uma marionete.

Limite-se ao presente.

Entenda o que acontece — a você, aos outros.

Analise o que existe, decomponha tudo: material e causa.

Pense nas suas horas finais.

Os erros dos outros? Que fiquem com aqueles que os cometem.

> **MANDAMENTOS:**
> Veja as coisas como são.
> Atenha-se ao essencial.
> Viva no presente.
> Não permita que a carne afete a mente.
> Não permita que o comportamento alheio determine o seu.

30. Dirigir os pensamentos ao que é dito. Concentrar a mente no que acontece e no que faz com que aconteça.

> **MANDAMENTO:**
> Atenha-se ao essencial.

31. Limpe-se até brilhar de simplicidade, de humildade, de indiferença a tudo o que jaz entre a virtude e o vício.

Ame os homens. Siga Deus.

Ddemocritus diz: "Tudo o mais está sujeito à lei da convenção: só os elementos são absolutos e reais". Basta lembrar que *tudo* está sujeito à *lei*.

> **MANDAMENTOS:**
> Preserve o seu espírito.
> Atenha-se ao essencial.
> Ame o próximo.

32. Sobre a morte: se tudo são átomos, dispersão. Se tudo é unidade, extinção ou transfiguração.

33. Sobre a dor: a dor insuportável traz consigo o próprio fim. A dor crônica sempre é suportável: a inteligência mantém a serenidade separando-se do corpo, e a mente permanece intacta. E as partes que a dor afeta — que protestem, se conseguirem.

34. Sobre a ambição: veja como operam as mentes deles, as coisas que almejam e temem. São como pilhas acumuladas de areia, uma em cima da outra, cada uma logo ocultada pela próxima.

35. " — Se a mente de um homem está repleta de nobreza, de compreensão de todo o tempo e de todo o ser, você acredita que a vida humana significará grande coisa para ele?

— Como poderia significar?

— Ou que a morte lhe causaria temor?

— Nem o mínimo."

(Platão, *A República*, 6.486a)

36. "O destino dos reis: conquistar má reputação por bons feitos." (Antisthenes)

37. Lamentável: que a mente consiga controlar o rosto, dar-lhe a forma e o modelo que bem entenda, mas não consiga dar a si mesma a forma e o modelo que bem entenda.

38. "As coisas o perturbam? Por quê? Isso não é nada para elas." (Euripedes, *Belerofonte*)

39. "Aos deuses imortais e a nós, traga alegria."

40. "As espigas maduras de trigo são ceifadas, e também as vidas: uma se ergue, outra cai." (Euripedes, *Hipsípile*)

41. "Se eu e meus dois filhos não conseguimos comover os deuses, Os deuses devem ter suas razões." (Euripedes, *Antíope*)

42. "Pois o que é justo e bom está ao meu lado."

43. Nada de coro de lamentações, nada de histeria.

44. "Portanto, a única resposta correta que posso dar é esta: 'Você está muito enganado, meu amigo, se acredita que qualquer homem de algum valor se importa com o risco de morrer em vez de concentrar-se apenas nisto: se o que está fazendo é certo ou errado e se a sua conduta é a de um homem bom ou a de um homem mau'." (Platão, *Apologia de Sócrates*, 28b.)

45. "Assim é, senhores do júri: o lugar em que um homem assume seu posto, seja porque o considerou o melhor, seja porque foi o que o comandante ordenou, é aquele em que deve fincar os pés e enfrentar todos os perigos, sem se preocupar com o risco de morrer nem com nada além do cumprimento do dever." (Platão, *Apologia de Sócrates*, 28d.)

46. "Mas considere, meu bom amigo, a possibilidade de que a nobreza e a virtude não sejam equivalentes à perda ou à preservação da própria vida. Não é possível que um homem real não se preocupe em viver determinada quantidade de anos e não se agarre à vida, mas deixe isso aos deuses, aceitando, como dizem as mulheres, que 'ninguém pode escapar ao próprio destino', e volte sua atenção a como viver da melhor maneira possível a vida que tem diante de si?" (Platão, *Górgias*, 512d)

47. Assistir ao curso das estrelas como se você corresse com elas. Meditar sempre a transformação dos elementos uns nos outros. Esse tipo de pensamento limpa a lama da vida lá embaixo.

48. Platão tinha razão. Para falar sobre as pessoas, é preciso olhar para a Terra desde cima. Manadas, exércitos, fazendas; casamentos, divórcios, nascimentos, mortes; tribunais barulhentos, lugares desertos; todos os povos estrangeiros; feriados, dias de luto, dias de feira... tudo misturado, uma harmonia de opostos.

49. Olhe para o passado — impérios sucedendo impérios — e, a partir disso, extrapole o futuro: a mesma coisa. Não há como escapar ao ritmo dos acontecimentos.

Razão pela qual observar a vida por quarenta anos é tão bom quanto observá-la por mil. Você realmente veria alguma coisa nova?

50. "... O fruto da terra à terra torna

Mas tudo o que nasceu do céu

Ao céu retorna novamente." (Euripedes, Chrysippus)

Ou isso ou o feixe de átomos se desintegra, e de um modo ou de outro os elementos insensíveis se dispersam.

51. "... com comida e bebida e mágica de toda a sorte

Procurando um novo meio de frustrar a morte." (Euripedes, *As suplicantes*, 1110–1111)

"Labutar alegremente para suportar

O vento que sopra do céu."

52. Ele luta melhor. Mas não é um cidadão melhor, um homem melhor, um recurso melhor em circunstâncias adversas, não é melhor em perdoar os defeitos alheios.

53. Onde quer que algo possa ser feito de acordo com o que determina a razão partilhada pelos deuses e pelos homens, tudo está em ordem. Onde há benefício porque o nosso esforço é produtivo, porque caminha no mesmo passo que a nossa natureza, não temos nada a temer.

54. Sempre e em cada momento, você tem a opção:

- aceitar este acontecimento com humildade;
- tratar esta pessoa como deve ser tratada;
- abordar este pensamento com cuidado, de modo que nada irracional passe despercebido.

> **MANDAMENTOS:**
> Aceite tudo o que acontece.
> Ame o próximo.
> Veja as coisas como são.
>
> **COMENTÁRIO:** Convém lembrar que aplicar ou não aplicar esses mandamentos – e quaisquer outros – é uma escolha, uma opção que temos "sempre e em cada momento". Não existe um fim ou ponto de chegada: o resultado é o processo. Sempre há a escolha de agir bem ou de agir mal. Sempre, até o último dia, podemos agir de modo a nos perder ou a nos salvar. Convém lembrar-se disso, sobretudo, quando estamos no mau caminho: enquanto estivermos vivos, sempre é possível voltar. Por maior que tenha sido a nossa queda, podemos nos levantar e passar a viver bem de novo agora, neste momento.

55. Não preste atenção à mente das outras pessoas. Olhe para a frente, para onde a natureza o leva — a natureza em geral, por meio das coisas que lhe acontecem; e a sua própria natureza, por meio das suas próprias ações.

Todas as criaturas têm de fazer o que a sua constituição determina. As outras criaturas foram constituídas para servir aos seres racionais. Nesse caso como em outros: as coisas menores existem para as maiores, e as maiores, umas para as outras. Os seres racionais estão aqui para servir uns aos outros.

Assim, o princípio fundamental da nossa constituição é cooperar com os outros.

O segundo é resistir aos arroubos do nosso corpo. Pois os seres dirigidos pela razão — pela inteligência — são capazes de indiferença, de isolar-se e jamais se deixar influenciar pelos impulsos e sensações, que são apenas corpóreos. A finalidade da inteligência é ser senhora deles, não súdita. E assim deve ser: eles foram criados para o uso dela.

O terceiro é um juízo que não se deixa enganar e não se precipita.

A mente que se agarra a isso sem se desviar é senhora do que é seu.

> **MANDAMENTOS:**
> Ame o próximo.
> Não permita que a carne afete a mente.
> Veja as coisas como são.

56. Imagine que já morreu. Você viveu a sua vida. Agora pegue o que sobrou e a viva direito.

> **MANDAMENTO:**
> Lembre-se de que a vida está acabando e faça o que é necessário enquanto é tempo.

57. Amar somente o que acontece, o que estava destinado a você. Não há maior harmonia.

> **MANDAMENTO:**
> Aceite tudo o que acontece.

58. Quando acontecer alguma coisa, olhe para aqueles que a experimentaram antes de você e ficaram chocados e ultrajados e ressentidos com ela.

Onde estão eles agora? Em parte alguma.

É assim que você quer ser? Por que não evitar todos esses ataques de distração, deixando o alarme e a fuga aos outros, e concentrar-se no que você pode fazer com tudo isso?

Assim você poderá usar essas coisas, tratá-las como material bruto. Só preste atenção, e tenha a determinação de satisfazer suas próprias expectativas. Em tudo. E quando tiver de escolher, lembre-se: o nosso negócio é com as coisas que realmente importam.

> **MANDAMENTOS:**
> Aceite tudo o que acontece.
> Atenha-se ao essencial.
> Tenha propósitos claros.

59. Cave mais fundo; a água — a bondade — está lá embaixo. E enquanto você continuar cavando, ela continuará borbulhando.

60. O que o corpo precisa é de estabilidade. Ser invulnerável a choques em tudo o que é e faz. A coesão e a beleza que a inteligência empresta ao rosto — é disso que o corpo precisa.

Mas deve vir sem esforço.

61. Não dançarino, mas lutador: esperando, entrincheirado e de guarda fechada, por ataques repentinos.

62. Veja quem realmente são essas pessoas por cujo aplauso você anseia, e como realmente é a mente delas. Assim você não culpará aquelas que cometem erros que não podem evitar e não sentirá necessidade da aprovação delas. Você terá visto a fonte tanto do julgamento quanto da ação delas.

> **MANDAMENTOS:**
> Não permita que o comportamento alheio determine o seu.
> Veja as coisas como são.
>
> **COMENTÁRIO:** Tendemos, sobretudo na atual era digital, a desejar a aprovação de pessoas que, em última análise, não valem grande coisa. Pior: permitimos que isso determine nosso comportamento. Para deixar de fazê-lo, basta ver quem realmente são. Queremos realmente a aprovação delas? Isso vale o esforço?

63. "Ninguém escolhe conscientemente viver apartado da verdade", diz Platão.

Nem da verdade, nem, tampouco, da justiça, do autocontrole, da bondade...

É importante ter isso em mente. Assim você terá mais paciência com os outros.

> **MANDAMENTOS:**
> Não permita que o comportamento alheio determine o seu.
> Ame o próximo.

64. Para os momentos em que sentir dor:

Lembre-se de que ela não o desonra nem degrada a sua inteligência — não o impede de agir racionalmente nem com abnegação.

E o que diz Epicurus ajuda na maioria dos casos: que a dor não é nem insuportável nem infinita, contanto que nos lembremos de seus limites e não os ampliemos na imaginação.

Lembre-se também de que muitas vezes a dor vem disfarçada — como sonolência, febre, perda de apetite.... Quando coisas assim o perturbarem, diga a si mesmo: "Estou cedendo à dor".

> **MANDAMENTO:**
> Não permita que a carne afete a mente.

65. Tome cuidado para não tratar os misantropos como eles tratam os outros homens.

66. Como sabemos que Telauge não foi um homem melhor do que Sócrates?

Não basta perguntar se a morte de Sócrates foi mais nobre, se ele debateu com os sofistas com mais habilidade, se demonstrou mais resistência quando passou a noite lá fora no sereno e mais coragem quando, ao receber a ordem de prender o homem de Salamina, decidiu que era preferível recusar-se e "vangloriou-se pelas ruas" (do que é razoável duvidar).

O que importa é que tipo de alma ele tinha. Se ficava contente em tratar os homens com justiça e os deuses com reverência, não se exasperava com o mal feito pelos outros, não se deixava escravizar pela ignorância dos outros, não tratava nada que a natureza faz como anormal (ou tolerava como uma imposição insuportável), não deixava o corpo controlar a mente.

67. Que a natureza o tenha misturado ao todo não impede que você trace seus próprios limites e coloque seu bem-estar nas próprias mãos.

É possível ser um homem bom sem que ninguém o perceba. Lembre-se disso.

E também disto: você não precisa de muita coisa para viver feliz. E só porque perdeu as esperanças de ser um grande filósofo ou cientista, não desista de obter liberdade, alcançar a humildade, servir aos outros, obedecer a Deus.

> **MANDAMENTOS:**
> Ame o próximo.
> Atenha-se ao essencial.

COMENTÁRIO: Devemos sempre lembrar que "é possível ser um homem bom sem que ninguém o perceba". A bondade deve ser a sua própria recompensa; quando esperamos que seja aplaudida ou reconhecida, não somente ela deixa de ser bondade, mas também deixamos de praticá-la. Então, não nos esforçamos mais para ser bons, mas para receber aplausos.

68. Viver em paz, imune a toda compulsão. Que gritem o que quiserem. Que os animais desmembrem essa carne macia que recobre você. Alguma dessas coisas pode impedi-lo de manter a mente calma — analisando com precisão o que está à sua volta — e pronto para usar bem o que quer que aconteça? De modo que o Juízo possa olhar nos olhos de todo acontecimento e dizer: "É isto que você é de fato, independentemente da aparência que tenha". Enquanto a Adaptabilidade acrescenta: "Você é exatamente o que eu procurava". Pois para mim o presente é uma oportunidade de exercitar a virtude racional — a virtude cívica —, em suma, a arte que os homens partilham com os deuses. Tanto os deuses quanto os homens podem assimilar tudo o que acontece, sem que seja inédito nem difícil de resolver, mas familiar e fácil.

> **MANDAMENTOS:**
> Não permita que o comportamento alheio determine o seu.
> Não permita que a carne afete a mente.
> Veja as coisas com são.
> Aceite tudo o que acontece.
> Ame o próximo.

69. Perfeição de caráter: viver o último dia todos os dias, sem furor nem apatia nem fingimento.

> **MANDAMENTO:**
> Lembre-se de que a vida está acabando e faça o que é necessário enquanto é tempo.

70. Os deuses vivem para sempre e mesmo assim não parecem se irritar de ter de tolerar os seres humanos e a conduta deles por toda a eternidade. E não só tolerá-los, mas também cuidar deles ativamente.

E você — à beira da morte — ainda se recusa a cuidar deles, embora seja um deles.

71. É uma estupidez tentar escapar dos defeitos dos outros. Eles são inescapáveis. Tente apenas escapar dos seus próprios defeitos.

> **MANDAMENTO:**
>
> Não permita que o comportamento alheio determine o seu.
>
> **COMENTÁRIO:** A prontidão com que criticamos os defeitos alheios não raro é uma compensação pela nossa incapacidade de corrigir os nossos. Mas se raramente conseguimos corrigir qualquer coisa na nossa própria conduta, sobre a qual temos pleno poder de ação, por que desejamos corrigir a conduta alheia, sobre a qual não temos nenhum? Um exercício interessante é lembrar de um defeito nosso sempre que tivermos a tentação de criticar os defeitos dos outros.

72. Quando a força que nos torna racionais e sociais encontra algo que não é nenhum dos dois, é razoável que ela o considere inferior.

73. Você prestou socorro e eles receberam. Mesmo assim, como um idiota, você continua esperando algo mais: receber o crédito por uma "boa ação", ser reembolsado. Por quê?

74. Ninguém faz oposição ao que lhe é útil.

Ser útil aos outros é natural.

Portanto, não se oponha ao que lhe é útil — sendo útil.

75. A natureza intencionou a criação do mundo. Ou tudo o que existe é consequência lógica disso ou até as coisas às quais a inteligência do mundo mais dirige sua vontade são completamente aleatórias. Lembrar-se disso é fonte de serenidade em muitas situações.

LIVRO VIII

1. Mais um chamado à humildade: você não pode dizer que viveu a vida de um filósofo — nem mesmo durante toda a idade adulta. Já está claro para muitos, inclusive para você mesmo, que você está longe da filosofia. Você já se queimou: já não é tão fácil construir uma reputação de filósofo. E sua posição também é um obstáculo.

Pronto, você já sabe como as coisas são. Agora esqueça o que eles pensam de você. Contente-se em viver o resto da sua vida, por mais curta que seja, como exige a sua natureza. Concentre-se nisso e não deixe que nada o distraia. Depois de perambular por toda a parte, você não encontrou o que procurava: saber como viver bem. Não nos silogismos, nem no dinheiro, nem na fama, nem nos prazeres. Em lugar nenhum.

— Então em que consiste isso?

Em agir de acordo com o que exige a natureza humana.

— Como?

Por meio dos princípios que devem reger suas intenções e ações.

— Quais princípios?

Aqueles que têm a ver com o bem e o mal. De acordo com os quais nada é bom a não ser o que leva à justiça, ao autocontrole, à coragem, ao livre-arbítrio. E nada é mal exceto o que faz o oposto.

> **MANDAMENTOS:**
> Faça o que é certo.
> Não permita que o comportamento alheio determine o seu.

2. A respeito de cada ato, pergunte-se: como isso me afeta? Posso me arrepender de fazê-lo?

Mas em breve estarei morto, e tudo terá desaparecido. Então, a única questão é: este ato é o de um ser responsável, parte da sociedade e sujeito aos mesmos decretos que Deus?

> **MANDAMENTOS:**
> Ame o próximo.
> Faça o que é certo.
> Lembre-se de que a vida está acabando e faça o que é necessário
> enquanto é tempo.

3. Quem são Alexandre e César e Pompeu comparados a Diógenes e Heraclitus e Sócrates? Os filósofos sabiam o quê, o por quê, o como. Eram senhores da própria mente. Os outros? Nada além de ansiedade e escravidão.

4. Você pode prender a respiração até ficar azul, que eles continuarão a fazer o que fazem.

5. O primeiro passo: não fique ansioso. A natureza controla tudo. E daqui a pouco você será ninguém em lugar nenhum — como Adriano, como Augusto.

O segundo passo: concentre-se no que tem de fazer. Crave os olhos nisso. Lembre-se de que a sua tarefa é ser um homem bom; lembre-se do que a natureza exige das pessoas. E então faça-o, sem hesitação, e diga a verdade como a vê. Mas com bondade. Com gentileza. Sem hipocrisia.

> **MANDAMENTOS:**
> Atenha-se ao essencial.
> Faça o que é certo.
> Viva no presente.
> Seja sincero.
> Lembre-se de que a vida está acabando e faça o que é necessário
> enquanto é tempo.

6. O trabalho da natureza: alterar as coisas em toda a parte, transformá-las, pegá-las e deslocá-las de cá para lá. Alteração constante. Mas sem preocupações: não há nada de novo aqui. Tudo é familiar. Até as proporções são constantes.

7. Todo organismo vivo prospera quando segue o caminho próprio à sua natureza. E o caminho próprio a uma mente racional é não aceitar falsidades nem incertezas na percepção, fazer das ações abnegadas sua única finalidade, buscar e rejeitar somente as coisas sobre as quais tem controle, abraçar o que a natureza lhe exige — a natureza de que participa, como a natureza da folha participa da natureza da árvore. Mas a natureza de que a folha participa é inconsciente e irracional e está sujeita a impedimentos, ao

passo que aquela de que os homens participam é desimpedida e racional e justa, uma vez que distribui a toda e qualquer coisa uma porção igual e proporcional de tempo, ser, propósito, ação, possibilidade. Examine bem. Não se as coisas são idênticas ponto por ponto, mas no conjunto: isto pesado contra aquilo.

8. Sem tempo para ler. Para controlar a arrogância, sim. Para vencer a dor e o prazer, sim. Para superar a cobiça, sim. Para não sentir raiva das pessoas estúpidas e desagradáveis — e até cuidar delas —, para isso, sim.

> ### MANDAMENTOS:
> Não permita que a carne afete a mente.
> Não permita que o comportamento alheio determine o seu.
> Tenha propósitos claros.
> Ame o próximo.
>
> **COMENTÁRIO:** Por mais que às vezes não tenhamos tempo para fazer o que desejamos, sempre temos tempo para desenvolver virtudes e combater defeitos, pois isso se faz em tudo o que fazemos, em cada ato nosso. Talvez eu não possa fazer o que quero, mas posso sempre fazer melhor o que estou fazendo. A virtude não é uma ação específica, mas certas qualidades que caracterizam todas as ações.

9. Que ninguém possa ouvi-lo reclamar da vida na corte. Nem sequer você mesmo.

10. O remorso é um aborrecimento consigo mesmo por ter rejeitado algo benéfico. Mas para ser benéfico é preciso ser bom — algo com que uma pessoa verdadeiramente boa se importaria.

Mas nenhuma pessoa verdadeiramente boa teria remorso de rejeitar o prazer.

Portanto, ele não pode ser benéfico nem bom.

11. O que é isto, fundamentalmente? Qual é a sua natureza e substância, sua razão de ser? O que está fazendo no mundo? Por quanto tempo estará aqui?

12. Quando tiver dificuldade de sair da cama de manhã, lembre-se de que a sua característica definidora — o que o define como ser humano — é cooperar com os outros. Até os animais sabem dormir. E é a atividade característica que é a mais natural — mais inata e mais satisfatória.

> **MANDAMENTO:**
> Ame o próximo.

13. Aplique-as sempre a tudo o que acontece: física; ética; lógica.

14. Quando tiver de lidar com alguém, pergunte a si mesmo: o que ele entende por bem e mal? Se ele acha x ou y sobre o prazer e a dor (e o que os produz), sobre a fama e infâmia, sobre a morte e a vida, você não deveria se espantar nem se surpreender que ele faça x ou y.

Aliás, preciso me lembrar de que em verdade ele não tem escolha.

15. Lembre-se: você não deve se espantar que uma figueira produza figos, nem que o mundo produza o que produz. Um bom médico não se espanta quando os pacientes têm febre, nem o timoneiro quando o vento sopra contra ele.

16. Lembre-se de que mudar de ideia e aceitar correções também são atos livres. A ação é sua, baseada na sua vontade, na sua própria decisão — e na sua própria mente.

17. Se está sob seu controle, por que você o faz? Se está sob controle de outro, então quem você está culpando? Os átomos? Os deuses? É uma estupidez num caso como no outro.

Não culpe ninguém. Corrija as pessoas, se puder. Se não puder, apenas repare os danos. Se isso também for impossível, de que lhe serve culpar os outros? Nada deve ser feito sem propósito.

> **MANDAMENTOS:**
> Tenha propósitos claros.
> Não permita que o comportamento alheio determine o seu.
> Aceite tudo o que acontece.

18. O que morre não desaparece. Fica aqui no mundo, transformado, dissolvido, como parte do mundo e de você. Que também são transformados — sem reclamações.

19. Tudo está aqui por um propósito, dos cavalos aos ramos da videira. O que há de espantoso nisso? Até o Sol dirá: "Eu tenho um propósito", e os outros deuses também. E você, nasceu para quê? Para o prazer? Veja se essa ideia se sustenta.

> **MANDAMENTO:**
> Tenha propósitos claros.

20. A finalidade natural de todas as coisas inclui sua cessação tanto quanto seu princípio e sua duração — como alguém jogando uma bola para cima. O que a bola ganha quando sobe? Ou perde quando despenca na terra? O que a bolha ganha por existir? Ou perde ao estourar? E o mesmo vale para a vela.

21. Vire a coisa de dentro para fora e veja como é: como será esse sujeito quando ficar velho? Como é quando está doente, quando se vende nas ruas?

Todos eles morrerão logo — o bajulador e o bajulado, o que lembra e o que é lembrado. E este é só um cantinho de um continente, e mesmo nele eles não concordam uns com outros (e nem sequer consigo mesmos).

E toda a Terra é um simples ponto no espaço.

> **MANDAMENTOS:**
> Veja as coisas como são.
> Atenha-se ao essencial.

22. Atenha-se ao que está na sua frente — ideia, ação, declaração.

É isso que você merece. Você podia ser bom hoje, mas em vez disso escolhe amanhã.

> **MANDAMENTO:**
> Viva no presente.
>
> **COMENTÁRIO:** É uma tentação constante deixar qualquer propósito bom para amanhã. O hábito de fazê-lo se retroalimenta, pois, em vez da frustração por não obter o que queremos, temos o conforto ilusório de acreditar que o obteremos amanhã. O antídoto é transformar o conforto em angústia: amanhã não serve; ou estou fazendo hoje ou não estou fazendo. É preciso perguntar-se: se posso fazer amanhã, por que não posso fazer hoje? O que me impede?

23. Aquilo que eu faço? Atribuo à benevolência humana. Aquilo que me fazem? Eu aceito — e atribuo aos deuses e àquela fonte da qual todas as coisas emanam.

24. Como os banhos — óleo, suor, sujeira, água acinzentada, tudo repulsivo.

Toda a vida, todo o mundo visível.

25. Verus, deixando Lucila para trás; depois, Lucila. Maximus, deixando Segunda. E Segunda. Diotimus, deixando Epitynchanus. Depois, Epitynchanus. Faustina, deixando Antoninus. Depois, Antoninus.

Assim com todos eles.

Hadrian, deixando Celer. Depois, Celer.

Para onde foram, os talentosos, os inteligentes, os orgulhosos? Talentosos como Carax e Demetrius, o platônico, e Eudaemon e todo o resto. Criaturas de vida breve, morte longa. De alguns deles não há memória, alguns tornaram-se lenda, outros se perderam até para a lenda.

Assim, lembre-se: a vida dentro de você se apagará, os elementos que o compõem também se dispersarão. Ou marcharão e assumirão outro posto.

> **MANDAMENTO:**
> Lembre-se de que a vida está acabando e faça o que é necessário enquanto é tempo.

26. A alegria dos seres humanos jaz nos atos humanos.

Atos humanos: benevolência com os outros, desprezo pelos sentidos, questionamento das aparências, observação da natureza e dos eventos na natureza.

27. Três relações:

i. com o corpo que você habita;

ii. com o divino, a causa de tudo em todas as coisas;

iii. com as pessoas à sua volta.

28. Ou a dor afeta o corpo (o que é problema do corpo) ou afeta a alma. Mas a alma pode escolher não se afetar, preservando a própria serenidade, a própria tranquilidade. Todas as nossas decisões, impulsos, desejos, aversões estão no nosso interior. Nenhum mal pode alcançá-lo.

29. Para apagar as percepções falsas, diga a si mesmo: está em meu poder preservar a minha alma do mal, da lascívia e de toda a confusão; ver as coisas como são e tratá-las como merecem. Não ignore essa habilidade inata.

> **MANDAMENTOS:**
> Veja as coisas como são.
> Preserve o seu espírito.
> Não permita que a carne afete a mente.

30. Falar ao Senado — e a todos — no tom certo, sem ser arrogante. Escolher as palavras certas.

31. A corte de Augustus: sua mulher, sua filha, seus netos, seus enteados, sua irmã, Agripa, os parentes, os servos, os amigos, Areius, Maecenas, os médicos, os sacerdotes sacrificiais... a corte inteira, morta.

E considere os outros... aqueles casos em que morreu não só um indivíduo, mas a família inteira (como a família Pompeu).

Considere aquilo que escrevem nos túmulos — "o último da linhagem". Considere a preocupação dos ancestrais em deixar herdeiros. Mas alguém tem de ser o último. Aí também, pois, a morte de toda uma dinastia.

32. Você tem de montar a sua vida por conta própria — ato por ato. E se dê por satisfeito se cada um deles alcançar seu fim, na medida do possível. Ninguém pode impedir que isso aconteça.

— Mas há obstáculos externos...

Não à conduta que se baseia na justiça, no autocontrole e no bom senso.

— Bem, mas talvez para algum ato mais concreto.

Mas se você aceitar o obstáculo e trabalhar com o que tem, alguma alternativa se apresentará — uma outra peça do que você está tentando montar. Ato por ato.

> **MANDAMENTOS:**
> Tenha propósitos claros.
> Atenha-se ao essencial.
> Transforme os obstáculos em instrumentos.
>
> **COMENTÁRIO:** Às vezes temos a impressão de que, para mudar algo em nós ou alcançar alguma vitória, precisamos de grandes planos ou de métodos elaborados. Essa grandiosidade nos oprime, torna-nos impotentes, e acabamos não fazendo nada. Mas a verdade é que qualquer virtude ou sucesso é um hábito de excelência; um hábito não é nada além de uma ação repetida muitas vezes. Tudo o que desejamos está sempre a uma ação de distância: uma e mais uma e mais outra, ato por ato.

33. Aceite sem arrogância; abdique sem queixas.

34. Você já viu uma mão ou pé decepado, ou uma cabeça decapitada caída em algum lugar longe do corpo a que pertencia? É isso que fazemos a nós mesmos — ou tentamos fazer — quando nos rebelamos contra o que nos acontece, quando nos segregamos. Ou quando fazemos algo egoísta.

Nesse caso, você se aparta da unidade com a natureza da qual nasceu parte e da qual agora se decepou.

Mas aqui você tem uma vantagem: é possível enxertar-se de novo. Um privilégio que Deus não deu a nenhuma outra parte de nenhum outro todo — ser separado, decepado e reunido. Veja como ele nos dignificou. Ele nos permitiu não apenas permanecer unidos ao todo, mas também retornar se nos separamos, nos enxertar de volta, e assumir mais uma vez a nossa velha posição: parte de um todo.

> **MANDAMENTOS:**
> Aceite tudo o que acontece.
> Ame o próximo.

35. Temos várias capacidades, presentes em todas as criaturas racionais tanto quanto na natureza da própria racionalidade. Eis uma delas. Assim como a natureza pega todo obstáculo, todo impedimento, e trabalha com ele — emprega-o para seus propósitos, incorpora-o nela —, assim, também, um ser racional pode transformar cada revés em material bruto e usá-lo para alcançar seus fins.

> **MANDAMENTO:**
> Transforme os obstáculos em instrumentos.

36. Não deixe que a sua imaginação seja esmagada pela vida como um todo. Não tente imaginar tudo de mau que poderia acontecer. Atenha-se à situação presente e pergunte: "Por que isso é tão insuportável? Por que não consigo aguentá-lo?". Você terá vergonha de responder.

Depois lembre-se de que o passado e o futuro não têm nenhum poder sobre você. Só o presente — e mesmo esse pode ser minimizado. Basta traçar os seus limites. E se a mente disser que não consegue resistir a *isso*... bem, que vergonha para ela.

> **MANDAMENTOS:**
> Atenha-se ao essencial.
> Veja as coisas como são.
> Viva no presente.

37. Phanteia e Pergamos ainda estão de vigília no túmulo de Verus? Ou Chabrias e Diotimus no de Hadrian? É claro que não. Os imperadores saberiam se estivessem?

E ainda que soubessem, isso lhes agradaria?

E ainda que agradasse, os enlutados viveriam para sempre? Eles também não estavam destinados a ficar velhos e depois morrer? E quando isso acontecesse, o que os imperadores fariam?

38. O fedor da decomposição. Carne putrefata num saco.

Olhe bem. Se conseguir.

39. Quando olho para o caráter humano no meu melhor juízo, não vejo nenhuma virtude colocada lá para se contrapor à justiça. Mas vejo uma para se contrapor ao prazer: o autocontrole.

40. Basta parar de perceber a dor que imagina, que você permanecerá completamente impassível.

— "Você"?

Sua razão.

— Mas eu não sou só razão.

Certo. Então, que a razão não cause dor a si mesma. Se alguma outra parte estiver sofrendo, que decida sofrer por conta própria.

> ## MANDAMENTOS:
> Não permita que a carne afete a mente.
> Veja as coisas como são.

41. Para os seres animados, "prejudicial" é o que quer que obstrua a operação de seus sentidos — ou a realização do que desejam. Obstruções similares são prejudiciais para as plantas. Do mesmo modo, para as criaturas racionais, qualquer coisa que obstrua a operação da mente é prejudicial.

Aplique isso a si mesmo.

A dor e o prazer estão com os aguilhões em você? Que os sentidos resolvam. Há alguma obstrução para que você alcance uma meta ou satisfaça um desejo? Se estiver desejando sem restrições, você está violando a sua natureza inteligente. Deseje dentro dos limites impostos pela razão, que todos os obstáculos e prejuízos desaparecerão. Ninguém pode obstruir as operações da mente. Nada pode tocá-la — nem o fogo nem o aço nem os tiranos nem a corrupção — nada — enquanto ela for "uma esfera... em perfeita tranquilidade".[9]

---

9 Empédocles, fragmento B27.

MEDITAÇÕES 105

> **MANDAMENTO:**
> Não permita que a carne afete a mente.

42. Não tenho nenhum direito de ferir a mim mesmo. Jamais feri a qualquer outra pessoa sendo possível evitar.

43. As pessoas têm prazer com coisas diferentes. Eu tenho prazer em manter a mente limpa. Em não dar as costas às pessoas nem às coisas que lhes acontecem. Em aceitar e saudar tudo o que vejo. Em tratar todas as coisas como merecem.

44. Dê um presente a si mesmo: o presente do momento presente.

Aquele que busca fama póstuma se esquece de que as "gerações vindouras" serão as mesmas pessoas irritantes que conhecem agora. E igualmente mortais. O que lhe importa se dizem x ou pensam y a respeito de você?

> **MANDAMENTO:**
> Viva no presente.

45. Levantem-me e me joguem onde quiserem. Meu espírito ficará feliz e satisfeito, contanto que a existência e as ações dele estejam de acordo com a natureza.

Há alguma razão pela qual minha alma deva perturbar-se e degradar-se, tornando-se infeliz, tensa, confusa, amedrontada? Como poderia haver?

46. O que os seres humanos experimentam é parte da experiência humana. A experiência do boi é parte da experiência dos bois, assim como a da videira é das videiras e a da pedra, o que é apropriado às pedras.

Nada que pode acontecer é incomum nem antinatural e não faz o menor sentido reclamar. A natureza não nos faz suportar o insuportável.

> **MANDAMENTO:**
> Aceite tudo o que acontece.

47. O problema não são as coisas externas, é o juízo que você faz delas. Que você pode apagar agora mesmo.

Se o problema é alguma coisa no seu próprio caráter, quem o impede de endireitar a própria mente?

E se é que você não está fazendo algo que acha que deveria estar, por que não o fazer?

— Mas há obstáculos insuperáveis.

Então não é um problema. A causa da sua inação está fora de você.

— Mas como posso continuar vivendo sem fazer isso?

Então vá embora, com a consciência tranquila, como se o tivesse feito, abraçando também os obstáculos.

> **MANDAMENTO:**
> Veja as coisas como são.

48. Lembre-se de que, quando se retira para dentro de si mesma e fica contente lá, a mente é invulnerável. Nesse caso, ela não faz nada contra a vontade, mesmo que a posição dela seja irracional. Imagine, então, a força que terá se o julgamento dela for ponderado e amparado na lógica.

A mente sem paixões é uma fortaleza. Não há lugar mais seguro. Assim que nos refugiamos lá, estamos seguros para sempre. Não ver isso é ignorância. Ver e não buscar esse refúgio é uma lástima.

> **MANDAMENTOS:**
> Veja as coisas como são.
> Não permita que a carne afete a mente.

49. Nada além do que as impressões iniciais lhe dão. Que alguém insultou você, por exemplo. Isso — mas não que isso lhe tenha causado algum dano. O fato de que meu filho está doente — isso eu consigo ver. Mas "que ele pode morrer", não. Impressões iniciais. Não extrapole. E nada poderá lhe acontecer. Ou extrapole. A partir do conhecimento de tudo o que acontece no mundo.

> **MANDAMENTO:**
> Veja as coisas como são.

COMENTÁRIO: A maioria dos nossos medos e preocupações não passa de extrapolações de impressões iniciais, que não se amparam na realidade e, na melhor das hipóteses, estão no campo das meras possibilidades. Se fico doente, posso morrer. Mas posso também não morrer – são possibilidades. Mas por que sofrer por uma mera possibilidade, sobre a qual, além do mais, não temos controle consciente?

50. O pepino está amargo? Jogue-o fora.

Há espinhos no caminho? Desvie deles.

Basta saber isso. Nada mais. Não exija saber "por que tal coisa existe". Qualquer um que entenda o mundo rirá de você, assim como o carpinteiro riria se você se espantasse de encontrar serragem na oficina dele, ou o sapateiro se você estranhasse os pedaços de couro sobrados.

É verdade que eles têm onde descartar essas coisas, enquanto a natureza não tem uma porta para fora da qual possa varrer a sujeira. Mas o maravilhoso no artesanato dela é que, diante dessa limitação, ela pega tudo o que parece quebrado, velho e inútil e transforma em parte de si, fazendo com isso coisas novas. De modo que ela não precisa de material de nenhuma fonte externa, nem de nenhum lugar, para descartar as sobras. Ela tem em si mesma tudo de que precisa: espaço, material e mão de obra.

> **MANDAMENTOS:**
> Aceite tudo o que acontece.
> Atenha-se ao essencial.

51. Nada de negligência nas ações. Nada de confusão nas palavras. Nada de imprecisão nos pensamentos. Nada de retirar-se para a própria alma nem de tentar escapar dela. Nada de hiperatividade.

Se eles o matarem, retalharem, cobrirem de pragas, isso de algum modo priva a sua mente da clareza, da sanidade, do autocontrole, da justiça?

É como se um homem viesse a uma fonte de água pura e cristalina e a amaldiçoasse. Mas a água fresca continua a borbulhar. Ainda que ele jogue lama ou esterco nela, o fluxo levará isso embora, e a fonte se lavará e continuará imaculada.

É preciso ter isso. Não uma cisterna, mas uma fonte perpétua.

Como? Esforçando-se para conquistar a liberdade. Hora a hora. Com paciência, honestidade, humildade.

> **MANDAMENTOS:**
> Tenha propósitos claros.
> Veja as coisas como são.
> Não permita que o comportamento alheio determine o seu.
> Preserve o seu espírito.

52. Quem não sabe o que é o mundo ignora onde está.

Quem não sabe por que o mundo está aqui ignora quem é. E o que ele é. Quem não sabe nada disso ignora por que está aqui.

E o que dizer de qualquer um que se importa com o aplauso desse tipo de gente, que não sabe onde está nem quem é?

> **MANDAMENTO:**
> Não permita que o comportamento alheio determine o seu.

53. Você quer os aplausos de pessoas que se queixam de si mesmas de quinze em quinze minutos, a aprovação de pessoas que desprezam a si mesmas. (É sinal de respeito próprio arrepender-se de quase tudo o que faz?)

> **MANDAMENTO:**
> Não permita que o comportamento alheio determine o seu.

54. Unir-nos não só ao ar que nos circunda, pela respiração, mas também à razão que abarca todas as coisas, pelo pensamento. Naqueles que a aceitam, a razão está tão onipresente, tão amplamente difusa quanto está o ar naqueles que respiram.

55. A existência do mal não prejudica o mundo. E um ato mau individual não prejudica a vítima. Só uma pessoa é prejudicada por ele — e ela pode parar de ser prejudicada assim que decidir.

56. A vontade dos outros é tão independente da minha quanto sua respiração e seu corpo. Podemos existir uns para os outros, mas a nossa vontade é senhora de si. Do contrário, o mal que eles fazem causaria mal a mim. O que não é o que Deus quis — que a minha felicidade dependesse de alguma outra pessoa.

57. Embora pareça derramar sua luz sobre nós, o sol nunca se esvazia. É que não se trata de fato de um derramamento, mas de uma irradiação. É porque são irradiados que chamamos os raios do sol de raios.

Para entender a natureza de um raio de sol, observe a luz penetrar em um quarto escuro por uma abertura estreita. Ela se expande em linha reta, atingindo qualquer objeto sólido que esteja no caminho e bloqueie o espaço. Lá ela fica — sem se dissipar nem se desviar.

É assim que a efusão — a difusão — do pensamento deveria ser: não um esvaziamento, mas uma expansão. E sem atingir os obstáculos com fúria e violência, nem desviar deles, mas ficando firme e iluminando aquilo que o recebe.

Aquilo que não transmite luz cria as próprias trevas.

58. O medo da morte é o medo do que possamos experimentar. Absolutamente nada, ou algo completamente novo. Mas, se não experimentarmos nada, não poderemos experimentar nada mau. E se a nossa experiência mudar, então a nossa existência mudará com ela — mudará, mas não cessará.

> **MANDAMENTO:**
> Não tema a morte.

59. As pessoas existem umas para as outras. Pode-se instruí-las ou suportá-las.

> **MANDAMENTO:**
> Ame o próximo.

60. A flecha tem um movimento; a mente, outro. Mas, ainda quando para, ainda quando pesa as conclusões, a mente se move para a frente, rumo ao alvo.

60. Entrar na mente dos outros e deixar que entrem na sua.

LIVRO IX

1. A injustiça é uma espécie de pecado. A natureza fez os seres racionais uns para os outros: para ajudar — não prejudicar — uns aos outros, segundo mereçam. Transgredir a vontade dela, portanto, é pecar contra a mais antiga das deusas.

Mentir também é pecar contra ela, pois "natureza" significa a natureza daquilo que é. E aquilo que é e aquilo que é o caso estão estritamente ligados, de modo que natureza é sinônimo de Verdade — a fonte de todas as coisas verdadeiras. Mentir deliberadamente é pecar — o mentiroso comete fraude, portanto, injustiça. Pecar é ainda mentir sem perceber. Pois o mentiroso involuntário perturba a harmonia da natureza — sua ordem. Ele está em conflito com o modo como o mundo se estrutura, como está qualquer um que se desvia para o que se opõe à verdade — ainda que contra a própria vontade. Pois a natureza lhe deu os recursos para distinguir entre o verdadeiro e o falso, mas, como os ignorou, agora ele não sabe a diferença.

Mais: buscar o prazer por considerá-lo bom e fugir da dor por considerá-la má — isso também é pecado. Quem faz isso está fadado a reprovar a natureza — reclamando que ela não trata o bom e o mau como merecem, mas permite, muitas vezes, que o mau desfrute do prazer e das coisas que o produzem, enquanto faz com que o bom sofra dor e as coisas que a produzem. Além disso, temer a dor é temer algo que está fadado a acontecer, sendo o mundo o que é — e isso, mais uma vez, é um pecado. Ao passo que aquele que busca o prazer dificilmente consegue evitar transgressões — o que é um pecado manifesto.

Há coisas às quais a natureza é indiferente, pois, se privilegiasse uma à outra, dificilmente teria criado ambas. E se quisermos seguir a natureza, estar em harmonia com ela, precisamos partilhar essa indiferença. Claramente, privilegiar o prazer à dor — a vida à morte, a fama ao anonimato — é pecado. Com certeza a natureza não privilegia.

E quando digo que a natureza é indiferente a eles, quero dizer que acontecem indiferentemente, em horas indiferentes, às coisas que existem e às que passam a existir depois delas, por meio de algum decreto antigo da Providência — o decreto pelo qual, a partir de uma premissa inicial, ela estabeleceu a ordem presente, determinando os princípios do que estava por vir e determinando as forças gerativas: a existência e a transformação, e seus estágios sucessivos.

> **MANDAMENTOS:**
> Ame o próximo.
> Seja sincero.
> Não permita que a carne afete a mente.
> Aceite tudo o que acontece.

2. Seria melhor nunca ter sentido o gosto da desonestidade, da hipocrisia, da autoindulgência e do orgulho. Mas a segunda melhor opção é, enojado dessas coisas, levantar-se da mesa. Você prefere jantar com o mal? A experiência não lhe ensinou nem isto — a evitá-lo como à praga? Porque ele é uma praga — um câncer mental — pior do que qualquer doença causada pelo ar pútrido ou por um clima insalubre. Esta ameaça somente a sua vida; aquela ataca a sua humanidade.

> **MANDAMENTO:**
> Faça o que é certo.

3. Não despreze a morte, mas antes a receba com alegria. Ela também é uma das coisas que a natureza exige. Como a juventude e a velhice. Como o crescimento e a maturidade. Como um novo conjunto de dentes, uma barba, o primeiro cabelo branco. Como o sexo e a gravidez e o parto. A nossa própria dissolução não é diferente de todas as outras mudanças físicas em cada estágio da vida.

Portanto, é assim que uma pessoa providente deve esperar pela morte: não com indiferença, nao com impaciência, não com desdém, mas simplesmente como uma das coisas que nos acontecem. Esteja pronto para o momento em que a alma deixará a própria concha assim como antevê a criança emergindo do ventre da mãe.

Mas talvez você precise de algum aforismo limpinho para enfiar no fundo da mente. Bem, considere duas coisas que o reconciliarão com a morte: a natureza das coisas que deixará para trás e o tipo de gente com que não precisará mais se misturar. Não é preciso ressentir-se daqueles que deixará — aliás, você deve cuidar do bem-estar deles e ser gentil com eles —, mas considere que tudo em que você acredita não faz o menor sentido para essas pessoas. Pois só isto poderia nos reter — a única coisa que poderia nos fazer querer ficar aqui: a oportunidade de viver com aqueles que partilham dos nossos princípios. Mas agora? Veja a tediosa cacofonia em que vivemos. Só ela basta para que tenhamos vontade de dizer à morte: "Venha rápido, antes que eu comece a me esquecer de mim mesmo, como eles".

> **MANDAMENTOS:**
> Não tema a morte.
> Aceite tudo o que acontece.

4. Fazer o mal é fazer mal a si mesmo. Cometer uma injustiça é cometer uma injustiça contra si mesmo — ela o degrada.

> **MANDAMENTO:**
> Faça o que é certo.
>
> **COMENTÁRIO:** Se os outros não podem me fazer mal, como repete Marcus Aurelius com tanta insistência, isso significa que também não posso fazer mal a eles: o ato mau só faz mal verdadeiro àquele que o pratica, pois corrompe o seu caráter, o que é o pior de todos os males. Embora hoje não nos pareça tão óbvia, essa posição é compartilhada por praticamente todas as grandes filosofias e religiões da história. Convém ter isto em mente quando tivermos a tentação de praticar atos maus que nos pareçam inofensivos: o ato mau corrompe aquele que o pratica. Uma mentirinha, por exemplo, pode não fazer mal a ninguém, mas nos tornará mais propensos a mentir. Uma pequena mentira logo exige uma mentira maior; esta, para se manter, mais uma. Logo o mentiroso acredita que pode alterar – ou criar – a realidade por meio do discurso. Como não pode, ele se torna aos poucos incapaz de compreender a realidade. Quem não consegue compreender não consegue agir. Em breve seus atos começam a gerar resultados muito diferentes dos desejados, e sua vida começa a ruir.

5. E também se pode cometer injustiça não fazendo nada.

6. Julgamento objetivo, agora, neste exato momento.

Ação abnegada, agora, neste exato momento.

Pronta aceitação — agora, neste exato momento — de todos os acontecimentos externos.

É só disso que você precisa.

> **MANDAMENTOS:**
> Veja as coisas como são.
> Ame o próximo.
> Aceite tudo o que acontece.
> Viva no presente.

7. Apague sua imaginação. Transforme seus desejos em pedra. Apague seus apetites. Mantenha a mente centrada em si mesma.

> **MANDAMENTOS:**
> Não permita que a carne afete a mente.
> Preserve o seu espírito.

8. Os animais irracionais compartilham uma mesma alma, e os racionais compartilham a mesma alma racional. Assim como todas as criaturas terrestres compartilham a mesma terra. Assim como todos vemos pela mesma luz e respiramos o mesmo ar — todos nós que vemos e respiramos.

9. Todas as coisas são atraídas pelo que é similar a elas. Todas as coisas terrestres são atraídas à terra. Todas as coisas aquáticas fluem juntas. E as coisas aéreas também, de modo que é preciso evitar à força que se misturem. O fogo é naturalmente atraído para cima pelo fogo elementar, mas está pronto a se inflamar pelo menor toque de uma chama terrestre, de modo que qualquer coisa mais seca que o normal é um bom combustível, porque há menos daquilo que impede a combustão misturado a ela.

E as coisas que compartilham uma natureza inteligente tendem igualmente a procurar o que é similar a elas — talvez tendam ainda mais. Porque à superioridade delas sobre o resto corresponde maior prontidão de interagir e misturar-se com os seus semelhantes.

Mesmo nos seres irracionais encontramos enxames, rebanhos, ninhos e uma espécie de amor. Pois eles têm almas, nas quais se encontra em forma desenvolvida o instinto de união — algo que não encontramos nas plantas, nas pedras nem nas árvores. Nos seres racionais, ele se encontra ainda mais desenvolvido, como manifestam os estados, as amizades, as famílias, os grupos, as tréguas e os tratados de paz. E nas coisas ainda mais elevadas, há uma espécie de unidade até entre o que está separado, como observamos nas estrelas. Os graus mais elevados podem produzir uma harmonia até entre coisas bem distintas.

Mas veja como as coisas estão agora. Entre todas, só as coisas racionais perderam esse senso de atração — de convergência. Só entre elas não vemos algo entremesclado. Mas, por mais que tentem evitar, não é possível escapar. A natureza é mais forte, como você pode constatar se observar melhor.

É mais fácil os objetos concretos se soltarem da terra do que os homens escaparem da humanidade.

> **MANDAMENTO:**
> Ame o próximo.

10. Humanidade, divindade e mundo: todos geram frutos. Cada um deles frutifica na sua estação. Normalmente restringimos a palavra às videiras e a outras plantas, mas a razão também gera frutos, tanto universais quanto particulares: outras coisas também brotam dela — e partilham da sua natureza.

11. Convença-os do contrário. Se conseguir.

Se não conseguir, lembre-se: a capacidade de ter paciência nos foi dada por uma razão. Os deuses também são pacientes com eles, e até os ajudam a conquistar coisas concretas: saúde, dinheiro, fama... Tal é a bondade dos deuses.

E seria a sua também, se você quisesse. O que o impede?

> **MANDAMENTO:**
> Ame o próximo.

12. Trabalhe não para provocar pena nem para conquistar aprovação ou admiração. Só isto: atividade, tranquilidade. Como exige a razão do Estado.

> **MANDAMENTO:**
> Faça o que é certo.

13. Hoje eu escapei da ansiedade. Ou, antes, descartei-a, pois ela estava dentro de mim, nas minhas próprias percepções — não fora.

14. É tudo a mesma coisa: conhecido pela experiência, transitório no tempo, degradado em substância — tudo.

Tanto agora quanto no tempo daqueles que enterramos.

15. As coisas esperam do lado de fora de nós, rodeando a porta. São mudas. Se perguntamos quem são, elas não sabem, pois não falam por si.

Quem fala por elas?

A mente.

16. O bem e o mal de um ser social e racional não estão no sentimento, mas na ação: assim como a virtude e o vício não se revelam no que ele sente, mas no que faz.

> **MANDAMENTO:**
> Faça o que é certo.
>
> **COMENTÁRIO:** Poucas distinções são tão fundamentais para os nossos dias quanto esta. Às vezes se acredita, por exemplo, que ser corajoso é não ter medo. Não: só os psicopatas não têm medo. A coragem é a capacidade de fazer o que é preciso fazer apesar do medo. Isso também vale para a ansiedade: ela só se torna um problema verdadeiro quando impede a ação. Em vez de livrar-se dela, o que raramente funciona, é melhor exercitar-se na arte de agir apesar dela e com ela, pois é sobre a nossa ação que temos controle direto. Também acontece de às vezes nos sentirmos mal por fazer o que é bom e bem por fazer o que é mau. Não interessa: a ação é que conta. Nenhuma vida feliz consiste em sentir-se bem, mas em fazer o bem.

17. Uma pedra jogada para cima. Não perde nada ao cair, não ganhou nada ao subir.

18. Se entrar na mente deles, você encontrará os juízes de quem tem tanto medo — e verá como julgam mal a si mesmos.

19. Tudo em fluxo. E você também se transformará no turbilhão e perecerá, assim como o mundo.

20. Deixe os erros dos outros onde estão.

21. Quando paramos de agir ou seguimos um pensamento até a sua conclusão, é como se fosse uma espécie de morte. E isso não nos faz mal. Pense na sua vida: infância, adolescência, juventude, velhice. Cada transformação, uma espécie de morte. Foi tão terrível assim?

Pense na vida com seu avô, sua mãe, seu pai adotivo. Veja quantas outras mortes e transformações e fins ocorreram e pergunte-se: foi tão terrível assim?

Se não foi, também não o será o fecho da sua vida — o fim e a transformação dela.

> **MANDAMENTO:**
> Não tema a morte.

22. Vá direto à morada da inteligência — a sua, a do mundo, a do próximo.

A sua — para fundamentá-la na justiça.

A do mundo — para se lembrar do que você é parte.

A do próximo — para distinguir a ignorância do cálculo. E reconhecê-la como semelhante à sua.

> **MANDAMENTO:**
> Veja as coisas como são.

23. Assim como você é parte de uma sociedade por existir, participe dela também pelas suas ações — todas as suas ações. Qualquer ação que não vise (direta ou indiretamente) uma finalidade social é uma perturbação à sua vida, um obstáculo à sua integridade, uma fonte de dissensão. Como o homem da assembleia — uma facção em si mesmo, sempre em descompasso com a maioria.

> **MANDAMENTOS:**
> Ame o próximo.
> Tenha propósitos claros.

24. Chiliques infantis, jogos de crianças, "espíritos carregando cadáveres" — o submundo da *Odisseia* parece mais real!

25. Identifique o propósito dela — o que a torna o que é — e examine-o, separando-o do elemento material. Depois calcule o período de tempo pelo qual, pela sua natureza, essa coisa pode existir.

> **MANDAMENTO:**
> Veja as coisas como são.

26. Sofrimento interminável — tudo por não permitir que a mente faça o serviço dela. Basta.

27. Quando um homem o culpar, odiar ou insultar de alguma forma, olhe para a alma dele. Entre dentro dele. Veja que tipo de homem é. Você descobrirá que não precisa se esforçar para impressioná-lo.

Mas você tem de desejar o bem dele. Ele é seu parente mais próximo. Os deuses o ajudam como ajudam a você — por sinais e sonhos e todas as outras formas — a obter as coisas que ele deseja.

> ### MANDAMENTOS:
> Não permita que o comportamento alheio determine o seu.
> Ame o próximo.

28. Os ciclos do mundo nunca mudam — para cima e para baixo, de era em era.

Ou a inteligência do mundo determina todas as coisas (se é assim, aceite a determinação) ou determinou uma vez — uma vez por todas — e tudo o mais se segue como consequência (e se é assim, por que se preocupar?).

De uma forma ou de outra: átomos ou unidade. Se é Deus, tudo está bem. Se é arbitrário, não o imite.

A terra recobrirá todos nós e será por sua vez transformada, e isso também mudará, infinitamente. E isso também, infinitamente.

Pense sobre elas: as ondas de mudança e alteração, quebrando-se interminavelmente. E veja o que é de fato a nossa breve mortalidade.

> ### MANDAMENTO:
> Veja as coisas como são.

29. A causa cósmica é como uma inundação, varrendo tudo diante de si. A tolice deles — esses meros homens ocupados com temas de Estado, com filosofia, ou com o que acham que é filosofia. Nada mais que catarro e muco.

— Bem, e aí?

Faça o que a natureza exige. Vá e faça — se conseguir — e não se preocupe em receber o crédito. E não vá esperando a *República* de Platão, satisfaça-se com o mínimo progresso, e não dê importância ao resultado final.

Quem pode alterar a mente deles? E sem isso, o que há além de gemidos, escravidão, simulação de obediência? Que citem Alexandre, Filipe e Demetrius de Falera. Cabe a eles dizer se conheciam a vontade da natureza e estudaram com ela. Mas, se preferiram brincar de reis, ninguém me condenou a brincar com eles.

A tarefa da filosofia é modesta e simples. Não me venham com a tentação do orgulho pomposo.

30. Vê-los desde cima: os milhares de rebanhos de animais, os rituais, as viagens em mares calmos ou turbulentos, as diferentes formas pelas quais entramos no mundo, compartilhamo-lo uns com os outros e o deixamos. Considere as vidas que outros viveram muito tempo atrás, as vidas que serão vividas por outros depois de você, as vidas vividas agora mesmo, em terras estrangeiras. Quantas pessoas nem sequer sabem o seu nome. Quantas o terão esquecido em breve. Quantas lhe oferecem louvores agora — e amanhã, talvez, desprezo.

Conclusão: ser lembrado não tem a menor importância. Nem ser famoso. Nem nada.

> **MANDAMENTO:**
> Veja as coisas como são.

31. Indiferença aos acontecimentos externos e compromisso com a justiça nos próprios atos. O que significa: pensamento e ação que resultam no bem comum. É para fazer isso que você nasceu.

> **MANDAMENTOS:**
> Ame o próximo.
> Faça o que é certo.

32. Para conseguir descartar a maior parte do lixo que atravanca a sua mente — coisas que só existem nela — e abrir espaço para si mesmo, basta:

... compreender a escala do mundo

... contemplar o tempo infinito

... pensar na velocidade com que as coisas mudam — cada parte de cada coisa; o espaço estreito entre o seu nascimento e morte; o tempo infinito antes disso; o tempo igualmente ilimitado que vem depois.

> **MANDAMENTOS:**
> Veja as coisas como são.
> Atenha-se ao essencial.

COMENTÁRIO: Quantas vezes somos atormentados por coisas que só existem na nossa mente? Além dos medos em relação ao futuro, à nossa vida, ao nosso destino, ocupam-nos inúmeras abstrações, as polêmicas artificiais

> criadas pela mídia, a tempestade de notícias que não afetam a nossa vida em absolutamente nada, a preocupação sem sentido com a vida alheia. Tudo isso é um lixo que atravanca a mente e nos impede de concentrar-nos no que interesse. A solução é olhar para essas coisas desde uma escala maior e compreender que são insignificantes.

33. Tudo o que você vê logo terá desaparecido, e aqueles que o veem desaparecer também desaparecerão, e aqueles que chegam à velhice não têm nenhuma vantagem sobre os que morrem cedo.

34. O que é a mente dessas pessoas? Pelo que se esforçam? O que lhes evoca amor e admiração? Veja-lhes a alma nua em pelo. São esses que acreditam que seu desdém possa ferir alguém — ou seu aplauso ajudar? Quanta vaidade!

35. Decompor é ser recomposto.

É isso que a natureza faz. A natureza — por meio da qual todas as coisas acontecem como devem acontecer, e acontecem desde sempre exatamente da mesma forma, e continuarão a acontecer, de uma forma ou de outra, interminavelmente.

Como você pode dizer que tudo sempre acontece e acontecerá para o mal, que os deuses não têm poder para regular as coisas, e o mundo está condenado ao mal sem fim?

36. A putrefação no âmago de todas as coisas: líquido, pó, ossos, sujeira. E o mármore é só lama endurecida, ouro e prata só resíduos, roupas só pelos, a púrpura só sangue de marisco. E todo o resto.

E o mesmo com a nossa respiração vital — transformada de uma coisa em outra.

37. Basta desta vida miserável de macaco chorão.

Qual é o problema? Há alguma novidade em tudo isto? O que é que o espanta?

A causa? Encare-a.

O material? Encare-o.

É só isso.

E os deuses? Bem, você pode tentar ser mais simples, mais gentil. Mesmo agora. Cem anos ou três... Não faz diferença.

MANDAMENTO:
Veja as coisas como são.

38. Se agiram mal, eles sofrerão por isso. Mas eles realmente agiram?

39. Ou todas as coisas emanam de uma fonte inteligente e formam um único corpo (e a parte deve aceitar as ações do todo) ou há apenas átomos, juntando-se e dividindo-se para sempre, e nada mais.

Então por que ficar ansioso?

Diga para a sua mente: você está morta? Está com defeito? É cruel? É desonesta? Você faz parte do gado? Está pastando como se fizesse?

> **MANDAMENTO:**
> Veja as coisas como são.

40. Ou os deuses têm poder ou não têm. Se não têm, para que rezar? Se têm, então por que não rezar pedindo alguma outra coisa em vez de que as coisas aconteçam ou não aconteçam? Reze para não sentir medo, nem desejo, nem tristeza. Se podem fazer tudo, certamente os deuses podem fazer isso por nós.

— Mas os deuses deixam essas coisas a cargo de mim.

Então não é melhor fazer o que depende de você — como um homem livre — do que ser controlado passivamente pelo que não depende, como um escravo ou um mendigo? E o que lhe faz pensar que os deuses não ligam para o que depende de nós?

Passe a rezar pedindo:

Não "algum modo de dormir com ela" — mas um modo de parar de desejar fazê-lo.

Não "algum modo de me livrar dele" — mas um modo de parar de tentar fazê-lo.

Não "algum modo de salvar meu filho" — mas um modo de perder o medo.

Faça esse redirecionamento nas suas orações e veja o que acontece.

> **MANDAMENTO:**
> Não permita que a carne afete a mente.
>
> **COMENTÁRIO:**
> Tendemos a crer que o caminho para a realização é conseguir o que desejamos. Tudo na nossa experiência, no entanto, mostra-nos que é da natureza

> do desejo jamais satisfazer-se: tão logo alcançamos o que desejávamos, já estamos insatisfeitos, descontentes e desejando algo diferente. Assim, esforçar-se para limitar os desejos ao máximo – e rezar para não tê-los, caso rezemos – é muito mais eficiente do que tentar satisfazê-los, o que é impossível.

41. Epicurus: "Durante a minha doença, eu não conversava sobre o meu estado físico; em vez de desperdiçar o tempo das minhas visitas com coisas desse tipo, continuei a discutir filosofia, concentrando-me em um ponto específico: como a mente pode participar das sensações do corpo e ainda assim conservar a serenidade e concentrar-se no próprio bem-estar. Também não permiti que os médicos desfilassem pela casa empertigados como reis. Continuei a viver a minha vida como deve ser vivida".

Assim. Na doença — e em qualquer outra situação.

Não abandonar a filosofia, não importa o que aconteça; não ficar de conversinha com malucos e filisteus — boas regras para qualquer filósofo.

Concentre-se no que você está fazendo, e naquilo com que o está fazendo.

> **MANDAMENTOS:**
> Não permita que a carne afete a mente.
> Preserve o seu espírito.

42. Sempre que se incomodar com a indecência de alguém, pergunte-se o seguinte: "Um mundo sem isso é possível?".

Não.

Então não exija o impossível. É preciso que haja pessoas sem vergonha no mundo. Essa é uma delas.

O mesmo se aplica às pessoas viciosas, às indignas de confiança e àquelas que tenham qualquer outro defeito. Lembrar que a classe inteira tem de existir fará com que você se torne mais tolerante com os membros dela.

Outro ponto útil a ter em mente: que qualidades a natureza nos deu para se contrapor a esse defeito? Como antídoto à maldade, ela nos deu a bondade. E outras qualidades para equilibrar outras falhas. E quando os outros saem da linha, é sempre possível tentar corrigi-los, porque o malfeitor apenas errou o alvo e se desviou do caminho.

E seja como for, como o erro dele prejudica você? Nenhum daqueles com quem você está irritado fez nada que possa prejudicar a sua mente, que é exatamente o que significa "prejudicar" ou "fazer mal". Sim, as pessoas grosseiras fazem grosserias. O que há de estranho ou inédito nisso? Não é antes a si mesmo que você deveria criticar — por não antever que agiriam assim? A razão lhe deu os meios de ver que determinada pessoa agiria de determinada forma, mas você não prestou atenção. E agora fica espantado porque ela foi lá e agiu. Assim, quando disser que alguém é "indigno de confiança" ou "ingrato", vire a crítica a si próprio. Foi você que agiu errado. Por presumir que alguém com aqueles traços merecia a sua confiança. Ou por fazer um favor e esperar algo em troca, em vez de procurar a recompensa na própria ação. O que mais você esperava ao ajudar alguém? Não basta ter feito o que a sua natureza exige? Quer um salário para isso também? Como se os olhos esperassem uma recompensa por ver, ou os pés por andar. Eles foram feitos para fazer essas coisas e, ao fazê-las, desempenham sua função. Ao passo que os seres humanos foram feitos para ajudar os outros. E quando ajudamos os outros — ou os ajudamos a fazer algo — estamos fazendo o que fomos criados para fazer — estamos desempenhando a nossa função.

> **MANDAMENTOS:**
> Aceite tudo o que acontece.
> Não permita que o comportamento alheio determine o seu.
> Ame o próximo.

LIVRO X

1. Para a minha alma:

Algum dia você conseguirá ser boa? Conseguirá ser simples, íntegra e despojada — mais sólida do que a carne que a recobre? Chegará a conhecer a ternura e o amor sereno? Chegará a ficar satisfeita — sem esperanças, sem arrependimentos, sem precisar de nada, sem desejar nada, animado ou inanimado, nem mesmo para um momento de prazer, sem querer um tempinho a mais para prolongar o êxtase, ou algum outro lugar ou vista ou clima, ou pessoas com as quais seja mais fácil conviver? Quando você vai se contentar com o que tem e aceitar o presente — todo? Quando se convencerá de que tudo é um dom dos deuses, de que tudo é e sempre será bom, seja o que for que eles decidam lhe dar para preservar essa entidade perfeita — boa e justa e bela, que cria de todas as coisas, sustenta e contém todas as coisas, abarca todas as coisas à medida que se dissolvem para gerar outras como elas?

Algum dia você assumirá a sua posição de concidadã dos deuses e dos homens, sem culpar ninguém, sem merecer a crítica de ninguém?

> **MANDAMENTOS:**
> Aceite tudo o que acontece.
> Viva no presente.
> Não permita que a carne afete a mente.

2. Observe o que a sua natureza exige como se só isso o governasse. Então satisfaça a exigência, desde que isso não degrade a sua natureza como ser vivo.

Depois, atente-se ao que essa natureza exige e satisfaça-a também — desde que isso não degrade a sua natureza como ser racional.

E, é claro, "racional" também implica "social".

Siga essas diretrizes e não perca tempo com mais nada.

> **MANDAMENTOS:**
> Atenha-se ao essencial.
> Tenha propósitos claros.
> Não permita que a carne afete a mente.
> Ame o próximo.

3. Ou tudo o que acontece é suportável ou é insuportável.

Se for suportável, suporte. Pare de reclamar.

Se for insuportável... então pare de reclamar. Quando você for destruído, isso também acabará.

Basta lembrar: você é capaz de suportar qualquer coisa que a mente consiga tornar suportável, se considerar que suportá-lo é do seu interesse — ou do seu dever.

> **MANDAMENTOS:**
> Aceite tudo o que acontece.
> Veja as coisas como são.
>
> **COMENTÁRIO:** Nada há de mais inútil e contraproducente do que a reclamação. Ela jamais resolve problema nenhum, mas nos impede de resolver os que podem ser resolvidos e cria outros por sua própria conta. Ela suga nossas energias, nos torna amargos, é um incômodo para os outros. Em geral, a reclamação faz com que aquilo de que se reclama pareça muito mais desagradável do que de fato é. Ao passo que deixar de reclamar e aceitar torna qualquer coisa suportável. O que é preciso é resolver o que pode ser resolvido e aceitar o que não pode.

4. Se ele errou, corrija-o gentilmente e mostre-lhe onde errou. Se você não conseguir fazer isso, então a culpa é sua. Ou de ninguém.

> **MANDAMENTO:**
> Ame o próximo.

5. O que quer que lhe aconteça está esperando para acontecer desde o início dos tempos. As fibras gêmeas do destino entrelaçam os dois na mesma trama: a sua existência e as coisas que lhe acontecem.

6. Sejam átomos ou ordem natural, a primeira coisa a dizer é isto: sou parte de um mundo controlado pela natureza. Segunda: tenho uma relação

com outras partes similares a mim. Sabendo disso, não tenho nenhum direito, como parte, de reclamar daquilo que me é atribuído pelo todo. Pois o que beneficia o todo não pode prejudicar as partes, e o todo não faz nada que não o beneficie. Esse é um traço que todas as naturezas compartilham, mas a natureza do mundo é definida também por uma segunda característica: nenhuma força externa pode compeli-la a causar prejuízo a si mesma.

Assim, tendo em mente o todo de que sou parte, aceitarei tudo o que acontece. E, devido à minha relação com as outras partes, não farei nada egoísta, mas visarei, ao contrário, a unir-me a elas, a direcionar cada ação minha a fazer o que beneficia a todos nós e evitar o que não beneficia.

Se eu fizer tudo isso, a minha vida transcorrerá com tranquilidade. Como se espera que transcorra a vida de um cidadão — aquele cujas ações servem aos concidadãos e que adota os decretos da comunidade.

> **MANDAMENTOS:**
> Aceite tudo o que acontece.
> Ame o próximo.

7. O todo é composto pela natureza de partes distintas cuja destruição é inevitável ("destruição" aqui significando transformação). Se o processo for prejudicial às partes e inexorável, então é difícil ver como o todo pode funcionar perfeitamente, com partes dele passando de um estado a outro, todas elas construídas apenas para ser destruídas de diferentes formas. A natureza se incumbiu de causar dano a seus próprios componentes e de torná-los vulneráveis a ela — aliás, predestinados a ela? Ou é cega ao que acontece? Nenhuma das duas hipóteses parece muito plausível.

Mas suponha que descartemos a "natureza" e expliquemos essas coisas por meio de propriedades inerentes. Ainda seria absurdo dizer que as coisas distintas do mundo são inerentemente propensas à mudança, e ao mesmo tempo espantar-se com isso ou reclamar — como se essa mudança fosse algo "contrário à natureza". Mais ainda porque as coisas retornam ao estado do qual vieram. Porque ou os nossos elementos simplesmente se dispersam ou passam por uma espécie de gravitação — as porções sólidas sendo puxadas em direção à terra e o que é etéreo arrastado para o ar, até que sejam absorvidos na razão universal — que ou está sujeita a conflagrações periódicas ou é renovada por meio de mudanças contínuas.

E também não imagine que esses elementos — os sólidos e os etéreos — são os mesmos desde o nosso nascimento. O influxo deles ocorreu ontem, ou

126 MARCUS AURELIUS

no dia antes de ontem — vindo da comida que comemos, do ar que respiramos.

E é isso que muda — não a pessoa que a sua mãe deu à luz.

— Mas esse influxo tem implicações inextricáveis para o seu senso de individualidade. Não é disso que estamos falando aqui.

8. Adjetivos para você: justo. Modesto. Simples. São. Cooperativo. Desinteressado.

Tente não os trocar por outros.

E se os perder, trate de conquistá-los de novo.

Tenha em mente que "sanidade" significa entender as coisas — cada coisa distinta — no que elas são. E não perder o fio da meada.

"Cooperação" significa aceitar o que a natureza lhe atribui — aceitar voluntariamente.

"Desinteresse" significa que a inteligência deve estar acima dos movimentos da carne — tanto os ásperos quanto os suaves. Deve estar acima da fama, da morte e de todas as coisas semelhantes.

Se conservar o direito a esses títulos — sem desejar que os outros os confiram a você —, você se tornará outra pessoa e viverá outra vida. Continuar a ser quem você tem sido, continuar a ser maltratado e degradado pela vida que tem levado, é não ter juízo e gostar demais da vida, como aqueles que lutam com animais nos jogos — rasgados em pedaços, cobertos de sangue e tripas e implorando ainda assim para ficar vivos até amanhã... para ser mordidos e retalhados de novo.

Parta, pois, guiado por esse punhado de adjetivos. E siga firme no rumo, se conseguir. Como um imigrante na Ilha dos Bem-Aventurados.[10] E, se sentir que está à deriva, que perdeu o controle, aporte, esperançoso, em algum lugar onde possa recobrá-lo. Ou deixe logo a vida, não com raiva, mas como um simples fato, sem rodeios, sem arrogância, sabendo que pelo menos isso você fez com a sua vida.

Ajuda muito, para lembrar-se desses adjetivos, lembrar-se também dos deuses. O que eles querem não é bajulação, mas que os seres racionais sejam como eles. Que os figos façam o que os figos foram criados para fazer — e os cachorros e as abelhas... e as pessoas.

---

10 Na mitologia grega, a Ilha dos Bem-Aventurados era o lugar para onde iam as almas dos heróis depois da morte.

> **MANDAMENTOS:**
> Atenha-se ao essencial.
> Aceite tudo o que acontece.
> Não permita que a carne afete a mente.
> Não permita que o comportamento alheio determine o seu.
> Veja as coisas como são.
> Não tema a morte.

9. A histeria, os conflitos e a confusão, a indolência e o servilismo, o material da vida cotidiana apagam dia a dia esses princípios sagrados — que, se não estiverem enraizados numa vida de profunda reflexão, são logo descartados.

Toda percepção e toda ação precisam visar:

- à execução de finalidades práticas;
- ao exercício do pensamento;
- à preservação de uma segurança baseada no conhecimento preciso. Uma segurança discreta, mas não oculta.

Quando você se permitirá desfrutar da simplicidade? Da seriedade? Da compreensão de cada coisa distinta — sua natureza e substância, seu lugar no mundo, seu período de vida, sua composição, quem pode tê-la, quem pode dá-la e recebê-la?

> **MANDAMENTOS:**
> Atenha-se ao essencial.
> Veja as coisas como são.
> Tenha propósitos claros.

COMENTÁRIO: É uma experiência comum: lemos bons livros de princípios e regras, como este, e decidimos, entusiasmados, mudar de vida. Mas logo os problemas do dia a dia nos esmagam, esquecemos tudo e estamos de volta ao "piloto automático". Um meio para evitar que isso aconteça é reduzir o que desejamos aplicar a um punhado de máximas ou princípios básicos – como estes mandamentos – e relê-los todos os dias de manhã e à noite. De manhã, firmando-se no propósito de segui-los; à noite, examinando em que medida se conseguiu aplicá-los ao longo do dia, com o compromisso de aplicá-los melhor no dia seguinte.

10. Psicologia criminal: as aranhas se orgulham de pegar moscas; os homens, de pegar lebres, peixes, javalis, ursos, sármatas...[11]

11. Como todas as coisas se transformam umas nas outras — torne-se capaz de ver isso. Aplique essa capacidade sempre; exercite-se nela. Nada favorece tanto o crescimento espiritual.

Aquele que se exercita nisso se liberta do corpo e — constatando que em breve terá de abandonar a humanidade e deixar tudo isso para trás — se dedica a servir à justiça em tudo o que faz, e à natureza em tudo o que acontece. Não é preocupação para ele o que as pessoas dizem ou pensam a seu respeito, nem como o tratam. Só o preocupam estas duas questões: o que ele está fazendo agora é a coisa certa a fazer? Ele aceita e saúda o que lhe é atribuído? Com isso, esse homem se livra de todas as outras ocupações, de todas as outras tarefas. Pois só quer caminhar em linha reta — para Deus, por meio da lei.

> **MANDAMENTOS:**
> Aceite tudo o que acontece.
> Não permita que a carne afete a mente.
> Não permita que o comportamento alheio determine o seu.
> Tenha propósitos claros.
> Faça o que é certo.

12. Por que todas essas conjecturas? Você está vendo o que precisa ser feito. Se conseguir ver a estrada, percorra-a. Com ânimo, sem dar meia-volta. Se não conseguir, espere e busque a melhor orientação possível. Se aparecer algum problema, siga em frente com os recursos que tem, atendo-se sempre ao que parece ser justo. A justiça é a melhor meta, pois toda falha é em verdade uma falha da justiça.

Obedecer à razão em todas as coisas é ser ao mesmo tempo tranquilo e enérgico, alegre e sério.

---

11 Uma das tribos bárbaras contra as quais Marcus Aurelius lutou.

> **MANDAMENTOS:**
> Atenha-se ao essencial.
> Veja as coisas como são.
> Viva no presente.
>
> **COMENTÁRIO:** O excesso de pensamentos, conjecturas, dúvidas, não raro é uma fuga à ação. Pensamos para evitar agir. Acreditamos precisar descobrir alguma solução quando, em verdade, já estamos vendo o que precisamos ver e só o que nos falta é coragem para agir. Nesses casos, em vez de tentar resolver todos os problemas na mente, o melhor é partir logo para a ação.

13. Ao acordar, pergunte-se:

Faz alguma diferença para você que as outras pessoas o condenem por fazer o que é certo?

Não faz nenhuma diferença.

Você se esqueceu de como são, ao dormir e comer, esses homens que condenam ou louvam com tanto furor? Esqueceu como se comportam, do que têm medo, o que desejam, o que roubam e depredam — não com as mãos e os pés, mas com aquilo que deveria ser a parte mais nobre deles, aquela onde, se quiserem, originam-se a lealdade, a humildade, a verdade, a ordem, o bem-estar?

> **MANDAMENTOS:**
> Não permita que o comportamento alheio determine o seu.
> Veja as coisas como são.

14. A natureza dá e a natureza tira. Quem quer que tenha sensatez e humildade lhe dirá: "Dê e tire como desejar", não por provocação, mas por obediência e boa vontade.

> **MANDAMENTO:**
> Aceite tudo o que acontece.

15. Resta pouco tempo. Viva como se estivesse sozinho — jogado na selva. Não há nenhuma diferença entre lá e aqui: a cidade em que você vive é o mundo.

Que as pessoas vejam alguém vivendo de acordo com a natureza e entendam o que isso significa. Que o matem se não suportarem. (Melhor do que viver assim.)

> **MANDAMENTOS:**
> Lembre-se de que a vida está acabando e faça o que é necessário enquanto é tempo.
> Não permita que o comportamento alheio determine o seu.

16. Pare de falar sobre como é um homem bom e simplesmente seja um homem bom.

17. Consciência permanente de todo o tempo e espaço, do tamanho e da duração das coisas à nossa volta. Um caroço de uva no espaço infinito. Meio giro de um saca-rolhas na eternidade.

> **MANDAMENTO:**
> Veja as coisas como são.

18. Lembre-se de que tudo o que existe já está puindo, em transição, sujeito à fragmentação e ao apodrecimento.

Ou que tudo nasceu para morrer.

19. Que tipo de gente são eles quando estão comendo, dormindo, copulando, defecando e todo o resto? Depois, como são quando têm poder? Arrogantes, irascíveis, tirânicos. E, no entanto, considere as coisas a que se submeteram um minuto atrás e os motivos por que o fizeram — e as coisas a que se submeterão de novo muito em breve.

20. Cada um de nós precisa daquilo que a natureza nos dá, quando a natureza o dá.

21. "A terra ama a chuva, o céu ama chover." E o mundo ama criar o que virá a ser. Eu lhe digo: "Partilho do seu amor".

(E não será isso a fonte da expressão "isto ama acontecer"?)

22. Possibilidades:

a) Continuar a viver aqui (a esta altura, você já deve ter se acostumado).

b) Afastar-se (é escolha sua, afinal de contas).

c) Morrer (tendo cumprido as suas obrigações).

Essas são as únicas opções. Há razão para otimismo.

23. Lembre-se sempre de que "a grama do vizinho não é mais verde", e as coisas que há aqui são as mesmas que há no topo de uma montanha, na beira de uma praia, onde quer que seja. Platão vai ao âmago da questão: "Cercando um curral de ovelhas na montanha, e ordenhando cabras ou ovelhas".

> **MANDAMENTOS:**
> Veja as coisas como são.
> Aceite tudo o que acontece.

COMENTÁRIO: Um famoso estudo realizado em 1978 (Lottery winners and accident victims: Is happiness relative?) comparou o grau de felicidade no dia a dia de pessoas que haviam ganhado na loteria com o de pessoas que haviam sofrido acidentes e se tornado paraplégicas, constatando que era mais ou menos o mesmo – com uma leve vantagem para os acidentados. Daí nasceu o conceito de "adaptação hedônica", segundo o qual os níveis de felicidade são mais ou menos os mesmos ao longo da vida, pois logo nos acostumamos ao que quer que aconteça, por mais agradável ou desagradável que pareça, e voltamos aos mesmos níveis de felicidade de antes. Pode-se contestar o conceito de felicidade do estudo e mesmo a ideia de que seja possível medir a felicidade, mas a conclusão a que chega ainda é válida: não passa de ilusão a ideia de que seríamos mais felizes em outro lugar ou em outra situação. Via de regra, esses pensamentos são apenas meios de escapar do que precisamos fazer.

24. Minha mente. O que ela é? O que estou fazendo dela? Para que a estou usando?

Ela está privada de pensamentos?

Isolada e amputada daqueles que estão ao seu redor?

Desfeita na carne e misturada a ela, de modo que partilha de seus desejos?

25. Quando um escravo foge do senhor, dizemos que é um fugitivo. Mas a lei da natureza também é um senhor, e quem a viola se torna um fugitivo.

Sentir tristeza, raiva ou medo é tentar escapar de algo decretado pelo governante de todas as coisas, agora e no passado e no futuro. Esse governante é a lei que governa o que acontece a cada um de nós. Sentir tristeza ou raiva ou medo é tornar-se fugitivo — fugitivo da justiça.

> **MANDAMENTO:**
> Aceite tudo o que acontece.

26. O homem deposita o esperma e vai embora. E então uma outra força pega o esperma, trabalha e cria um bebê.

Isto... *daquilo?*

Ou:

O homem enfia comida garganta abaixo. Então uma outra força a pega e cria sensações, desejos, vida diária, força física e muito mais.

Olhar para essas coisas que acontecem silenciosamente e ver a força que as dirige. Como vemos a força que puxa e empurra as coisas. Não com os olhos, mas com a mesma clareza.

> **MANDAMENTO:**
> Veja as coisas como são.

27. Ter sempre em mente que tudo isso aconteceu antes. E acontecerá de novo — a mesma trama do princípio ao fim, com encenação idêntica. Com o que sabe por experiência ou da história, crie na sua mente: a corte de Hadrian, a de Antoninus. As cortes de Filipe, de Alexandre, de Crésus. Tudo a mesma coisa. Só as pessoas são diferentes.

28. As pessoas que se ofendem e ressentem-se: imagine-as como o porco do sacrifício, esperneando e guinchando.

Como o homem sozinho na cama, chorando em silêncio pelas correntes que nos amarram.

Todos têm de se submeter a essas correntes, mas só os seres racionais podem fazê-lo voluntariamente.

> **MANDAMENTO:**
> Aceite tudo o que acontece.

29. Pare o que estiver fazendo por um momento e pergunte-se: estou com medo da morte porque não poderei mais fazer isto?

> **MANDAMENTO:**
> Não tema a morte.

MEDITAÇÕES 133

30. Face à má conduta do outro, dê meia-volta e pergunte-se quando você agiu do mesmo modo. Quando você viu como bens o dinheiro, o prazer, a posição social? Sua raiva se aplacará assim que você reconhecer que ele agiu por compulsão (o que mais ele poderia fazer?). Ou elimine a compulsão, se puder.

> **MANDAMENTOS:**
> Não permita que o comportamento alheio determine o seu.
> Ame o próximo.

31. Quando olhar para Satyron, veja Socraticus, Eutyches ou Hymen.
Quando olhar para Euphrates, veja Eutychion ou Silvanus.
Com Alciphron, veja Tropaeophorus.
Quando olhar para Xenophon, veja Crito ou Severus.
Quando olhar para si mesmo, veja qualquer um dos imperadores.
E faça o mesmo com todas as outras pessoas. Onde está toda essa gente agora?
Em parte alguma... ou em toda parte.
Assim você verá a vida humana como ela é. Fumaça. Nada. Especialmente se você se lembrar de que, quando se alteram, as coisas deixam de existir ao longo de todos os anos sem fim do porvir.
Então para que tanto tumulto? Viver corretamente a sua vida breve não basta?
Veja o material bruto que você está perdendo, as oportunidades! O que é tudo isso senão exercício — exercício para a sua razão, na observação rigorosa e filosófica da vida?
Portanto, persevere até que tudo esteja totalmente digerido. Como um estômago forte digere tudo o que come. Como um fogo ardente pega o que quer que seja atirado nele e transforma em luz e chama.

> **MANDAMENTOS:**
> Veja as coisas como são.
> Tenha propósitos claros.
> Lembre-se de que a vida está acabando e faça o que é necessário
> enquanto é tempo.

32. Que ninguém possa dizer, sem mentir, que você não é um homem sincero e bom. Que qualquer um que pense isso acredite em algo falso. A

responsabilidade é toda sua; ninguém pode impedi-lo de ser sincero nem bom. Basta decidir não continuar vivendo se não for. Seria contrário à razão.

> **MANDAMENTOS:**
> Não permita que o comportamento alheio determine o seu.
> Seja sincero.

33. Dado o material de que somos feitos, qual é a coisa mais sã que podemos dizer ou fazer? O que quer que seja, está sob seu poder fazê-lo ou dizê-lo. Não finja que há algo que o impeça.

Você jamais deixará de reclamar de fazer o que é adequado aos seres humanos, na medida em que as circunstâncias — inerentes ou fortuitas — permitem, enquanto não sentir, ao fazê-lo, o mesmo prazer que o hedonista tem ao ceder às próprias inclinações. Mas "prazer" significa fazer o máximo possível daquilo que a sua natureza exige. E é possível fazê-lo em qualquer lugar, um privilégio que não é concedido a um cilindro — determinar a própria ação. Nem à água nem ao fogo nem a nenhuma das outras coisas regidas só pela natureza ou por uma alma irracional. Muitas coisas as obstruem e bloqueiam o caminho delas. Mas o intelecto e a razão são capazes de atravessar qualquer obstáculo — por capacidade inata ou pura força de vontade. Tenha diante dos olhos a facilidade com que fazem isto — a facilidade com que a razão é conduzida em todas as coisas, assim como o fogo é puxado para cima e uma pedra cai na terra, como um cilindro desce por um plano inclinado.

Nada mais é necessário. Qualquer outro obstáculo ou afeta o cadáver que é nosso corpo ou é incapaz de nos abalar e prejudicar, a não ser que o juízo consinta ou a razão se renda voluntariamente. Se não fosse assim, qualquer um que se deparasse com qualquer obstáculo seria degradado por ele imediatamente. Em todas as outras entidades, quando alguma coisa má lhes acontece, isso as torna pior. Ao passo que aqui o homem se torna melhor e mais digno de admiração, por assim dizer, por reagir como um homem deve reagir diante de circunstâncias adversas.

E tenha em mente que nada pode prejudicar um dos cidadãos da natureza a não ser aquilo que prejudica a cidade a que ele pertence. E nada prejudica essa cidade a não ser o que prejudica a sua lei. E não há nenhum pretenso infortúnio que possa fazer isso. Enquanto a lei for preservada, a cidade também será — e o cidadão.

> **MANDAMENTOS:**
> Não permita que a carne afete a mente.
> Não permita que o comportamento alheio determine o seu.
> Veja as coisas como são.
>
> **COMENTÁRIO:** Dois pontos essenciais da meditação. O primeiro é que é sempre possível agir bem: enquanto estamos conscientes, os obstáculos só nos impedem de agir bem se permitirmos. É isso o que práticas já sugeridas, como o jejum e o banho gelado, nos mostram: é desconfortável, é desagradável, mas é possível. O segundo é que o ser humano se torna "melhor e mais digno de admiração" quando reage com nobreza a circunstâncias adversas. Não é por outro motivo que são tão comoventes as histórias de pessoas que cresceram em ambientes hostis e alcançaram o sucesso, que sobreviveram a desastres, que se comportaram com dignidade na prisão ou num campo de concentração. Diante de qualquer circunstância adversa, temos uma escolha: permitir que ela nos esmague e nos torne piores ou reagir com nobreza e nos tornar melhores.

34. Para quem está imerso nos princípios da verdade, o mais breve e aleatório lembrete basta para dissipar todo medo e toda dor:

> ... folhas das árvores que o vento
> Atira no solo, sem vida; assim são as gerações de homens.[12]

Seus filhos, folhas.

Folhas aplaudindo fielmente e cumulando você de louvores, ou virando as costas e bradando insultos, criticando e ridicularizando a uma distância segura.

Uma reputação gloriosa conferida por folhas.

Todos surgem na primavera — e o vento os varre a todos. E a árvore produz outros para substituí-los.

Nenhum de nós tem muito tempo. E, no entanto, você age como se as coisas fossem eternas — o modo como as teme e anseia por elas...

Muito em breve, escuridão. E aquele que enterrar você logo será enterrado também.

---

12 Homero, *Ilíada*, 6.147 ss.

> **MANDAMENTOS:**
> Lembre-se de que a vida está acabando e faça o que é necessário
> enquanto é tempo.
> Não tema a morte.
> Veja as coisas como são.

35. Um par de olhos saudáveis deve ser capaz de ver tudo o que se pode ver sem achar brilhante demais (o que é um sintoma de oftalmia).

A audição e o olfato saudáveis devem estar preparados para qualquer som ou cheiro; um estômago saudável deve ter a mesma reação a todos os alimentos, como um moinho ao que mói.

Do mesmo modo uma mente saudável deve estar preparada para qualquer coisa. Aquela que fica dizendo "será que meus filhos estão bem?" ou "todo o mundo tem de me aprovar" é como olhos que não suportam cores claras ou dentes que só dão conta de mingau.

36. Por melhor que você tenha sido na vida, ainda haverá pessoas no seu leito de morte comemorando o seu destino.

É assim inclusive no caso dos inteligentes e dos bons. Haverá alguém lá pensando: "Finalmente! Já estava passando a hora desse velho professor. Embora ele nunca tenha dito nada, a gente sempre sentia que ele nos julgava". E isso no caso de um homem bom. Quantas características você tem que fariam com que muitas pessoas ficassem felizes por se livrar de você?

Quando a hora chegar, lembre-se disso. Você relutará menos em partir se puder dizer a si mesmo: "É este tipo de vida que estou levando. Mesmo as pessoas à minha volta, aquelas pelas quais passei tanto tempo lutando e rezando, com as quais passei tanto tempo me preocupando — mesmo elas querem me ver pelas costas, com a esperança de que isso tornará sua vida melhor. Quem poderia suportar uma estada mais longa aqui?".

Mesmo assim, não vá embora com raiva delas. Seja fiel a quem você é: compassivo, generoso, benevolente. E não como se estivesse sendo arrancado da vida, mas como quando alguém morre em paz, com a alma se soltando do corpo — é assim que você deve deixá-los. Foi a natureza que o atou a eles — que deu o nó. E é a natureza que agora o desata. Sou separado daqueles que estão a minha volta. Não sou arrastado contra a minha vontade, não resisto. Há coisas que a natureza exige. Essa é uma delas.

> **MANDAMENTOS:**
> Veja as coisas como são.
> Não tema a morte.
> Não permita que o comportamento alheio determine o seu.
> Aceite tudo o que acontece.
> Ame o próximo.

37. Aprenda a perguntar a respeito de todas as ações: "Por que ele está fazendo isso?".

A começar pelas suas.

> **MANDAMENTO:**
> Tenha propósitos claros.

38. Lembre-se de que aquilo que nos move como a um boneco é interior — está escondido de nós. É o discurso, é a vida, é o próprio homem. Não conceba o resto como parte disso — a pele que o contém, os órgãos à sua volta. Tudo isso são ferramentas, como o machado de um carpinteiro, com a diferença de que estão anexados a nós desde o nascimento, e, sem aquilo que os controla, são tão úteis quanto a lançadeira sem o tecelão, o lápis sem o escritor, o chicote sem o cocheiro.

LIVRO XI

1. Características da alma racional:

Ela olha para si mesma, examina a si mesma, dá forma a si mesma, faz de si mesma o que deseja ser.

Ela colhe por conta própria o fruto que dá, diferente das plantas (e, num sentido diferente, dos animais), cujo produto é colhido por outros.

Ela alcança a própria finalidade onde quer que o limite da vida seja traçado. Não como a dança e o teatro e coisas do tipo, em que o espetáculo fica incompleto se for interrompido no meio, mas em qualquer ponto — qualquer um que se escolha — ela realiza sua missão, cumpre perfeitamente a sua tarefa. De modo que ela pode dizer: "Tenho posse completa de tudo o que é meu".

Ela examina o mundo e o espaço vazio em volta dele e o modo como ele se organiza. Penetra na infinitude do tempo para ampliar seu horizonte e a sua compreensão dos nascimentos e renascimentos periódicos pelos quais o mundo passa. Ela sabe que aqueles que vierem depois de nós não verão nada diferente, que aqueles que vieram antes de nós não viram nada mais do que nós vemos, e que qualquer um com quarenta anos atrás de si e olhos na cara viu tanto o passado quanto o futuro — os dois iguais.

Também característico da alma racional:

Afeição pelo próximo. Veracidade. Humildade. Não colocar nada acima de si — o que também é característico da lei. Não há nenhuma diferença aqui entre o princípio da razão e o da justiça.

2. Para adquirir indiferença pelo canto, pela dança, pelas artes marciais: decomponha a melodia nas notas que a formam, e, enquanto ouve cada uma delas, pergunte-se se você é impotente contra isso. Seria uma vergonha admitir que sim.

O mesmo com a dança: movimentos distintos e poses. E o mesmo com as artes marciais.

E o mesmo com tudo — exceto a virtude e o que nasce dela. Olhe para as partes distintas e vá da análise à indiferença.

Aplique isso à vida como um todo.

> **MANDAMENTOS:**
> Veja as coisas como são.
> Não permita que a carne afete a mente.

3. A alma preparada:

Preparada para a separação do corpo. E depois para a dissolução ou a fragmentação — ou a continuidade.

Mas essa prontidão tem de ser resultado de uma decisão própria, não de simples reação a forças exteriores [como no caso dos cristãos].[13] Tem de ser refletida, séria e persuasiva para as outras pessoas. Sem drama.

> **MANDAMENTO:**
> Não tema a morte.

4. Fiz algo para o bem comum? Então beneficiei também a mim mesmo. Concentrar-se nisso. Não desistir.

> **MANDAMENTO:**
> Ame o próximo.

5. "Qual é a sua profissão?" "Ser bom." (E como se pode alcançar isso, a não ser pelo pensamento — sobre o mundo, sobre a natureza das pessoas?)

6. Primeiro, foram encenadas tragédias. Para nos lembrar do que pode acontecer, e que inevitavelmente acontece — e se algo lhe dá prazer naquele palco, não deveria lhe causar raiva neste. Constata-se que todos temos de passar por essas coisas, e que mesmo aqueles que gritam "ó, monte Cítero"[14]

---

13 De acordo com Gregory Hays, tudo indica que a menção aos cristãos seja um acréscimo posterior de um copista. Marcus Aurelius não parece ter tido grande conhecimento dos cristãos.

14 Sófocles, Édipo Rei, 1391. Trata-se do grito de desespero de Édipo depois de furar os próprios olhos, invocando o monte em que foi abandonado quando bebê.

têm de suportá-las. Elas também nos deram alguns versos excelentes. Estes, por exemplo:

> "Se eu e meus dois filhos não conseguimos comover os deuses
> Os deuses devem ter suas razões."
> (Euripedes, *Antíope*)

Também:

> "Não se irrite com o que é fato."

E:

> "As espigas maduras de trigo são ceifadas, e também as vidas."
> (Euripedes, *Hipsípile*)

E muitos outros.

Depois da tragédia, veio a comédia antiga, que instruía pela franqueza, pelas falas simples feitas para perfurar pretensões. (Diógenes usou a mesma tática para fins semelhantes.)

Considere, a seguir, a comédia média e depois a nova, que degenerou aos poucos em mera técnica vazia. É verdade que há passagens inegavelmente boas, mas qual era o propósito da coisa toda — do texto e da encenação?

7. É gritante: nenhum papel é tão propício à filosofia quanto aquele em que você está agora.

8. Um galho amputado do galho ao seu lado está simultaneamente amputado de toda a árvore. Do mesmo modo, um homem separado do outro está desligado de toda a comunidade.

O galho é amputado por alguma outra pessoa, mas os homens amputam a si próprios — pelo ódio, pela rejeição — e não se dão conta de que estão se amputando de toda a sociedade.

Só que nós temos um dom, concedido por Zeus, que fundou esta nossa comunidade: podemos nos reincorporar, tornando-nos componentes do todo mais uma vez.

Mas, se a ruptura for frequente, fica difícil reconectar e reparar a parte cortada. Pode-se notar a diferença entre o galho que está lá desde o início, permanecendo na árvore e crescendo com ela, e aquele que foi amputado e enxertado de volta.

"Um tronco, duas mentes", como diria o jardineiro.

9. À medida que você progredir no caminho da razão, os outros se tornarão obstáculo a você. Eles não podem impedi-lo de fazer o que é saudável; não deixe também que o impeçam de tolerá-los. Tome cuidado dos dois lados. Não só juízos salutares e ações sólidas, mas também tolerância com aqueles que tentam nos obstruir e nos causam problemas de outras formas.

Pois ter raiva também é uma fraqueza, tanto quanto desesperar-se e desistir da luta. Os dois são desertores: o homem que entra em pânico e foge e aquele que se deixa alienar dos outros seres humanos.

> **MANDAMENTOS:**
> Não permita que o comportamento alheio determine o seu.
> Não permita que a carne afete a mente.
> Ame o próximo.
>
> **COMENTÁRIO:** Saber é saber o que os outros não sabem. Quanto mais sabemos, mais nos distanciamos daqueles que não sabem: eles passam a se tornar obstáculos a nós e a nos irritar. Desejamos que nos compreendam, às vezes até que nos aprovem. Isso, porém, é trair a sabedoria e nos tornar menos sábios, pois é próprio do que sabe mais compreender e perdoar o que sabe menos, assim como o adulto compreende e perdoa a criança.

10. O natural jamais pode ser inferior ao artificial; a arte imita a natureza, não o contrário. O que significa que aquela natureza mais altamente desenvolvida e abrangente — a própria Natureza — não pode carecer de artifícios na sua arte.

Ora, todas as artes passam dos objetivos menores aos maiores. A Natureza não faria o mesmo?

Daí a justiça, que é fonte de todas as outras virtudes. Pois como poderemos fazer o que a justiça exige se estivermos distraídos com coisas que não importam, se formos ingênuos, crédulos, inconstantes?

> **MANDAMENTO:**
> Atenha-se ao essencial.

142 MARCUS AURELIUS

11. É a busca por essas coisas e a tentativa de evitá-las que o deixam nesse turbilhão. Mas não são elas que vêm atrás de você; é você que vai atrás delas. Suspenda o julgamento sobre elas. Imediatamente elas ficarão paradas, e você ficará livre de fugir e de buscar.

> **MANDAMENTO:**
> Veja as coisas como são.

12. A alma como uma esfera em equilíbrio: sem tentar alcançar coisas que estão além dela nem se retirar para dentro. Sem se fragmentar no mundo exterior, sem afundar de volta em si mesma, mas chamejante de luz e olhando para a verdade, dentro e fora.

13. Um homem me despreza.

Isso é problema dele.

O meu: não fazer nem dizer nada desprezível.

Um homem me odeia. Problema dele.

O meu: ser paciente e alegre com todos, inclusive com ele. Pronto a lhe mostrar que está errado. Não de maneira vingativa, nem para exibir meu autocontrole, mas de maneira honesta, justa. Como Fócion (se é que ele não estava fingindo). É assim que devemos ser por dentro, e jamais deixar que os deuses nos peguem sentindo raiva ou rancor.

Contanto que você faça o que é propício à sua natureza, e aceite o que a natureza do mundo reserva — contanto que você trabalhe para o bem dos outros, por todo e qualquer meio —, o que é que pode lhe fazer mal?

> **MANDAMENTOS:**
> Não permita que o comportamento alheio determine o seu.
> Ame o próximo.
> Faça o que é certo.

14. Eles se bajulam um ao outro por desdém, e o desejo que cada um tem de controlar o outro faz com que se curvem e rebaixem.

15. A desprezível falsidade das pessoas que dizem "olha, vou ser sincero com você". O que isso significa? Não deveria ser nem sequer necessário dizer. Deveria estar óbvio — escrito em letras garrafais na testa. Deveria ser possível ouvir no tom de voz, ver nos olhos, como o apaixonado que olha para o rosto da amada e entende tudo num relance. Um homem sincero e honesto deveria ser como quem fede: quando está no mesmo cômodo que

ele, você sabe. Mas a falsa sinceridade é como uma faca nas costas. Ainda pior é a falsa amizade. Evite-a a qualquer custo. Se você for honesto e sincero e bem-intencionado, seus olhos devem revelá-lo. Tem de ser inconfundível.

> **MANDAMENTO:**
> Seja sincero.

16. Viver uma vida boa é possível. Só precisamos aprender a ser indiferentes ao que não faz diferença. É assim que se aprende: olhando para cada coisa, tanto nas partes quanto no todo. Tendo em mente que nenhuma delas pode ditar como as percebemos. Que não se impõem a nós, mas pairam diante de nós, imóveis. Somos nós que geramos os juízos, inscrevendo-os em nós. Mas não somos obrigados a fazê-lo. Podemos deixar a página em branco — e se uma marca escapar, apagá-la imediatamente.

Lembre-se também de que nossa atenção a essas coisas dura só um pouquinho, e depois a vida acaba.

E por que é tão difícil quando as coisas vão contra você? Se for uma imposição da natureza, aceite com alegria e pare de lutar. Se não for, descubra o que a sua própria natureza exige, e vise isso, mesmo que não lhe traga nenhuma glória.

Nenhum de nós está proibido de buscar o próprio bem.

> **MANDAMENTOS:**
> Veja as coisas como são.
> Aceite tudo o que acontece.

17. Considere, em cada coisa, sua fonte e sua substância. No que ela se transforma e no que será quando transformada; que nada pode prejudicá-la.

> **MANDAMENTO:**
> Veja as coisas como são.

18. *Primeiro*. Minha relação com eles e que viemos ao mundo uns para os outros. Ou, de outro ponto de vista, que vim ao mundo para ser o guardião deles — assim como o carneiro é do rebanho e o touro da manada.

Parta disto: se não átomos, então Natureza — dirigindo tudo. Nesse caso, as coisas menores para as maiores e as maiores umas para as outras.

Segundo. Como eles são quando estão comendo, na cama etc. O quanto são dirigidos pelas suas crenças. Quanto orgulho têm do que fazem.

Terceiro. Se o que eles fazem é certo, então você não tem direito de reclamar. E se é errado, então eles o fazem involuntariamente, por ignorância. Assim como nenhuma alma gosta de ser privada da verdade, nenhuma alma deseja deixar de tratar os outros como merecem. É por isso que eles se ofendem quando são chamados de injustos, arrogantes ou gananciosos — ou quando se sugere que não são bons vizinhos.

Quarto. Você mesmo cometeu vários erros. Você é exatamente igual a eles. Ainda que tenha evitado alguns, você tem inclinação.

Ainda que a covardia o tenha afastado deles. Ou o medo do que as pessoas diriam. Ou algum motivo igualmente ruim.

Quinto. Você nem sequer sabe se é um erro. Muitas coisas são meios para algum outro fim. É preciso saber inúmeras coisas para poder julgar as ações dos outros com verdadeira compreensão.

Sexto. Quando perder a paciência ou mesmo ficar irritado, lembre-se de que a vida humana é muito curta. Muito em breve todos nós estaremos enterrados lado a lado.

Sétimo. Não é o que eles fazem que nos incomoda: isso é problema para a mente deles, não para a nossa. São nossos próprios erros de percepção. Descarte-os. Esteja disposto a deixar de pensar nisso como uma catástrofe... e a sua raiva acaba. Como se faz isso? Reconhecendo que você não sofreu nenhum mal moral. Se o mal moral não for a única coisa capaz de ofendê-lo, você estará fadado a cometer inúmeras transgressões — a tornar-se um ladrão ou Deus sabe mais o quê.

Oitavo. Como a raiva e a tristeza são muito mais danosas que as coisas que as causam.

Nono. Contanto que não seja irônica nem forçada, mas sincera, a benevolência é irresistível. Mesmo a pessoa mais depravada nada poderá fazer se você continuar a tratá-la com benevolência e a corrigi-la — se tiver oportunidade — gentil e alegremente no exato momento em que ela tentar prejudicá-lo. "Não, meu amigo, não é para isso que estamos aqui. Não sou eu que sou prejudicado por isso. É você." E mostre-lhe, gentilmente e sem apontar o dedo, que é assim. Que as abelhas não se comportam assim — nem nenhum outro animal com senso de comunidade. Não de modo maldoso ou sardônico, mas com afeto — sem nenhum ódio no coração. E não como quem dá uma aula ou quer impressionar terceiros, mas falando de modo direto. Mesmo que haja outras pessoas em volta.

MEDITAÇÕES **145**

Tenha esses nove pontos em mente, como dons das nove musas, e comece a se tornar um ser humano. Agora e para o resto da vida.

E além de não se irritar com os outros, tente também não os bajular. As duas ações se opõem ao bem comum e causam danos. Quando começar a perder a paciência, lembre-se: não há nada de viril na raiva. São a cortesia e a benevolência que definem um ser humano e um homem, que é aquele que tem força, vigor e coragem, não o nervosinho chorão. Reagir assim o aproxima da impassibilidade, portanto da força. A dor é o oposto da força, assim como a raiva. As duas são coisas que sofremos e às quais cedemos.

E mais um pensamento, dom de Apolo:

Décimo. Esperar que homens maus não ajam mal é loucura. É exigir o impossível. E deixar que se comportem assim com os outros, mas esperar que eximam você é arrogância, é ato de um tirano.

> **MANDAMENTOS:**
> Ame o próximo.
> Não permita que o comportamento alheio determine o seu.
> Não permita que a carne afete a mente.
> Veja as coisas como são.

19. Há quatro hábitos de pensamento aos quais é preciso prestar atenção e que é preciso apagar da mente quando os detectar, aplicando uma destas fórmulas:

- Este pensamento é desnecessário.
- Este é destrutivo para as pessoas à sua volta.
- Este não seria o que você realmente pensa (dizer o que você não pensa — a definição de absurdo).

E a quarta razão para a autocensura é o caso em que a parte mais divina de você é açoitada e subjugada pela parte mortal degradada — o corpo e sua autoindulgência estúpida.

> **MANDAMENTOS:**
> Veja as coisas como são.
> Ame o próximo.
> Não permita que a carne afete a mente.
> Preserve seu espírito.

20. Os elementos de ar e fogo contidos no seu interior tendem, pela natureza deles, a subir. Mas eles se sujeitam aos desígnios do mundo e submetem-se a misturar-se aqui embaixo. E os elementos de terra e água em você tendem, pela natureza deles, a descer. Mas são forçados a subir e a assumir uma posição que não é a deles. Assim, até os elementos obedecem ao mundo — quando compelidos a isso — e permanecem em seu posto, até que chegue o sinal para abandoná-lo.

Então por que o intelecto deveria ser o único dissidente — o único a reclamar do próprio posto? Nada está sendo imposto a ele além do que a sua natureza exige. E mesmo assim ele se recusa a se submeter, e parte na direção oposta. Porque tender ao que é errado e autoindulgente, à raiva e ao medo e à dor, é revoltar-se contra a natureza. E reclamar de qualquer coisa que aconteça é, para a mente, desertar a própria posição. Ela foi criada tanto para ter reverência — respeito pelo divino — quanto para agir com justiça. Isso também é um elemento de coexistência e um pré-requisito para a justiça.

> **MANDAMENTOS:**
> Aceite tudo o que acontece.
> Não permita que a carne afete a mente.

21. "Sem uma meta coerente na vida, não se pode vivê-la de modo coerente."

A máxima é inútil se você não especificar a meta.

Os juízos variam em relação a todas as coisas que as pessoas acreditam ser boas — com exceção de algumas, aquelas que nos afetam a todos. Assim, a meta deve ser comum — cívica. Se você dirigir todas as suas energias a esse fim, suas ações serão coerentes. E você também.

> **MANDAMENTOS:**
> Tenha propósitos claros.
> Ame o próximo.

22. O rato da cidade e o rato do campo. Perturbação e agitação do rato da cidade.

23. Sócrates dizia que as crenças populares eram "os monstros debaixo da cama" — que só servem para assustar crianças.

24. Nos festivais, os espartanos colocavam as cadeiras das visitas na sombra, mas se sentavam em qualquer lugar.

25. Sócrates recusa o convite de Perdicas "para evitar morrer mil mortes" (aceitando um favor que não poderia retribuir).

26. Este conselho dos escritos epicuristas: pensar constantemente em um dos homens de antigamente que viveram uma vida virtuosa.

27. Os pitagóricos nos dizem para olhar para as estrelas ao raiar do dia. Para nos lembrar de como elas completam as tarefas que lhes são dadas — sempre as mesmas tarefas, da mesma forma. E a ordem, a pureza, a nudez delas. As estrelas não têm nada a esconder.

28. Sócrates enrolado numa toalha, naquela vez em que Xantipa pegou o manto dele e saiu. Os amigos que ficaram constrangidos e o evitaram quando o viram assim, e o que Sócrates lhes disse.

29. Na leitura e na escrita, é preciso aprender antes de poder ensinar. Mais ainda na vida.

30. "... Pois você/Não passa de um escravo e não tem direito à voz."

31. "... e o coração no meu peito riu." (Homero, *Odisseia*, IV.413)

32. "Escarnecem da virtude com insultos e risos zombeteiros." (Hesíodo, *Os trabalhos e os dias*, 185)

33. "Estupidez é esperar figos no inverno ou filhos na velhice." (Epictetus)

34. Quando der um beijo de boa-noite no seu filho, diz Epictetus, sussurre para si mesmo: "Pode ser que ele esteja morto de manhã".

Não tente o destino, diz você.

Falando de um evento natural? Tentamos o destino quando falamos em ceifar o trigo?

35. Uvas.

Verdes... maduras... depois passas.

Transições constantes.

Não o nada, mas o "não ainda".

36. "Nunca se relatou um roubo de livre-arbítrio." (Epictetus)

37. "Precisamos dominar a arte da aceitação. Precisamos prestar atenção nos nossos impulsos, garantindo que não sejam imoderados, que beneficiem os outros, que sejam dignos de nós. Precisamos passar longe de qualquer forma de desejo e não tentar evitar o que está além do nosso controle." (Epictetus)

> **MANDAMENTOS:**
> Aceite tudo o que acontece.
> Não permita que a carne afete a mente.

38. "O que está em debate não é uma trivialidade", disse ele, "mas a sanidade mesma."

39. Sócrates costumava perguntar: O que vocês preferem, ter uma mente racional ou ter uma mente irracional?

— Ter uma mente racional.

Sadia ou doente?

— Sadia.

Então se esforcem para obter uma.

— Mas nós já a temos.

Então por que todo esse bate-boca?

LIVRO XII

1. Tudo aquilo que você espera alcançar algum dia pode ser seu agora mesmo, neste momento. É só parar de frustrar suas próprias ações. É só deixar o passado para trás, confiar o futuro à Providência e dirigir o presente à reverência e à justiça.

À reverência, de modo que você aceite aquilo que lhe é atribuído. Foi a natureza que o trouxe a você e você a ele.

À justiça, de modo que você fale a verdade, francamente e sem evasões, e aja como deve — e como as outras pessoas merecem.

Não deixe que nada o detenha: nem as falhas de conduta dos outros, nem as suas falhas de percepção, nem a preocupação com o que os outros dirão, nem as sensações do corpo que o recobre (deixe que o corpo que o recobre trate delas). E se, quando for a hora de ir embora, você tiver abandonado tudo, exceto a mente e a divindade no seu interior; se seu medo não for deixar de viver, mas nunca ter vivido corretamente; então você será digno do mundo que o criou. Já não será um estrangeiro na própria terra. Já não será abalado pelos eventos cotidianos — como se eles fossem aberrações inéditas. Já não estará à mercê disto ou daquilo.

MANDAMENTOS:

Viva no presente.

Aceite tudo o que acontece.

Atenha-se ao essencial.

Seja sincero.

Não permita que a carne afete a mente.

Não permita que o comportamento alheio determine o seu.

Preserve o seu espírito.

COMENTÁRIO: Contra a morosidade, a procrastinação, a transferência dos planos para o futuro, convém sempre lembrar que "tudo aquilo que você espera alcançar algum dia pode ser seu agora mesmo, neste momento".

2. Deus vê as almas de todos nós livres do seu recipiente de carne, despidas de sua casca, limpas de sua fuligem. Ele apreende o que foi derramado e canalizado dele para elas com sua inteligência pura. Se aprender a fazer o mesmo, você evitará um punhado de aflições. Quando vir o que está por trás da carne que o recobre, você será perturbado por roupas, mansões, popularidade — os trajes e o cenário da vida?

> **MANDAMENTOS:**
> Não permita que a carne afete a mente.
> Veja as coisas como são.

3. Três coisas compõem você: corpo, sopro (respiração), mente. Duas lhe são emprestadas; só da terceira você tem título de propriedade.

Se conseguir libertar a si mesmo — à sua mente — do que os outros fazem e dizem, do que você disse e fez, daquilo que você teme que aconteça, de tudo que a casca corporal e a respiração lhe impõem sem que você escolha e de tudo que dança a seu redor num turbilhão de circunstâncias, de modo que a mente se liberte do destino, alcance a claridade e viva a vida nos próprios termos — fazendo o que é certo, aceitando o que acontece e falando a verdade...

Se conseguir se libertar das impressões que se agarram à mente, se conseguir se libertar do futuro e do passado — se puder fazer de si, como diz Empédocles, "uma esfera exultando em sua perfeita calma", e concentrar-se em viver o que pode ser vivido (que é o presente), então você poderá passar o tempo que lhe resta com tranquilidade. E com benevolência. E em paz com o espírito no seu interior.

> **MANDAMENTOS:**
> Atenha-se ao essencial.
> Aceite tudo o que acontece.
> Veja as coisas como são.
> Não permita que a carne afete a mente.
> Não permita que o comportamento alheio determine o seu.
> Faça o que é certo.
> Viva no presente.
> Preserve o seu espírito.
> Seja sincero.

MEDITAÇÕES **151**

4. Nunca deixa de me espantar: todos nós amamos a nós mesmos mais do que aos outros, mas nos importamos mais com a opinião deles que com a nossa. Se um deus — ou mesmo um homem sábio — nos aparecesse e nos proibisse de ocultar nossos pensamentos ou de imaginar qualquer coisa sem gritá-la imediatamente, não conseguiríamos fazê-lo nem por um único dia. Eis o quanto valorizamos a opinião dos outros — em detrimento da nossa.

5. Como é possível que os deuses tenham ordenado tudo com tanta habilidade, com tanto cuidado com o nosso bem-estar, e tenham de algum modo se descuidado de uma coisa: que certos homens — em verdade, os melhores, os companheiros dos próprios deuses, aqueles cuja piedade e cujas obras os aproximaram do divino —, quando morrem, deixem de existir para sempre, desapareçam completamente?

Ora, presumindo que isso seja verdade, podemos ter certeza de que, se fosse oportuno, eles teriam ordenado as coisas de modo diferente. Se fosse a coisa certa a fazer, se eles pudessem ter feito e se fosse natural, a natureza teria exigido. Assim, do fato de que eles não o fizeram — se esse for o caso — podemos concluir que não era oportuno.

Com certeza você consegue ver por conta própria que levantar essa questão é duvidar da justiça dos deuses. Mas por que você a levantaria se os deuses não fossem, como de fato são, supremamente justos?

E se o são, como poderiam ter deixado passar, com negligência, algo tão injusto — tão ilógico — ao ordenar o mundo?

> **MANDAMENTO:**
> Aceite tudo o que acontece.

6. Pratique até o que parece impossível.

A mão esquerda é inútil em quase tudo, por falta de prática. Mas guia as rédeas melhor que a direita. Por prática.

7. A condição da alma e do corpo quando a morte vier.

A brevidade da vida.

A vastidão do tempo antes e depois.

A fragilidade da matéria.

8. Considere:

As causas das coisas isoladas daquilo que as recobre.

O objetivo das ações.

A natureza da dor. Do prazer. Da morte. Da fama.

Que você é responsável pela sua própria agitação.

Que ninguém o atrapalha.

Que tudo é como você o percebe.

> **MANDAMENTOS:**
> Veja as coisas como são.
> Tenha propósitos claros.

9. O modelo para a aplicação dos princípios é o boxeador, não o esgrimista. O esgrimista pega a sua arma e depois a põe de lado. A do boxeador é parte dele. Tudo o que tem de fazer é cerrar o punho.

> **MANDAMENTO:**
> Atenha-se ao essencial.
>
> **COMENTÁRIO:** De nada adianta que os princípios e mandamentos aqui delineados – e outros que possamos ter – sejam externos a nós. É preciso que eles se incorporem a nós de tal modo que sejam como uma parte do nosso corpo, sempre à disposição quando necessário. Como se faz isso? Um dos métodos é aquele já sugerido: firmar-se no propósito de manhã, examinar se foi cumprido à noite. Outro, também já sugerido, é o de voltar sempre ao caminho assim que perceber que se desviou dele: cair, levantar; cair, levantar.

10. Ver as coisas como são, decompondo-as em substância, causa e propósito.

> **MANDAMENTO:**
> Veja as coisas como são.

11. Que liberdade tem o homem de fazer só o que Deus deseja, e aceitar tudo o que Deus lhe envia.

12. Não culpe os deuses. Eles não fazem nada errado, seja de propósito, seja por acidente. Também não culpe os homens: eles não fazem de propósito. Ninguém tem culpa.

13. Como são tolas as pessoas que se espantam com qualquer coisa que acontece. São como turistas espantados com costumes estrangeiros.

14. Ou necessidade fatal e ordem inescapável, ou Providência benevolente, ou confusão — aleatória e sem direção.

Se for necessidade inescapável, por que resistir a ela?

Se for Providência e aceitar nosso culto, tente ser digno do auxílio de Deus.

Se for confusão e anarquia, seja grato por ter uma mente para guiá-lo neste mar furioso. E se a tempestade o carregar para longe, que carregue a carne, a respiração e o resto, mas não a mente. Que não pode ser arrastada.

15. Enquanto está acesa, a lâmpada resplandece sem perder o brilho, mas em você tudo vai desvanecer cedo assim — a verdade, a justiça, o auto-controle?

16. Quando parecer que alguém fez algo errado:

Mas como posso ter certeza?

E seja como for, tenha em mente:

- que ele já foi julgado e condenado — por si mesmo. (Como quem arranca os próprios olhos.)
- que esperar que uma pessoa má não aja mal é como esperar que as figueiras não secretem seiva, que os bebês não chorem, que os cavalos não relinchem — que o inevitável não aconteça.

O que mais ele poderia fazer — com um caráter desses?

Se ainda estiver com raiva, trabalhe nisso.

> **MANDAMENTOS:**
> Ame o próximo.
> Não permita que o comportamento alheio determine o seu.
>
> **COMENTÁRIO:** Na maioria das vezes em que julgamos os outros, não temos certeza se aquilo que acreditamos ser errado de fato o é: não conhecemos todo o contexto nem todas as circunstâncias. Raramente conseguimos julgar com justiça até nosso próprio comportamento. Assim, o melhor é abdicar desse julgamento.

17. Se não for correto, não o faça. Se não for verdadeiro, não o diga.

> **MANDAMENTOS:**
> Faça o que é certo.
> Seja sincero.

18. Em todas as ocasiões, olhe para a coisa em si mesma — a coisa por trás das aparências — e desembrulhe-a pela análise:

- causa;
- substância;
- propósito;
- a extensão de tempo durante a qual ela existe.

> **MANDAMENTO:** Veja as coisas como são.

19. Já passou da hora de você se dar conta de que há algo em você mais poderoso e miraculoso do que as coisas que o afetam e o fazem dançar como uma marionete.

O que está nos meus pensamentos neste momento? Medo? Ciúmes? Desejo? Sentimentos desse tipo?

> **MANDAMENTOS:**
> Veja as coisas como são.
> Preserve o seu espírito.

20. Não empreender nada:
i. ao acaso ou sem propósito;
ii. por nenhuma razão que não seja o bem comum.

> **MANDAMENTOS:**
> Tenha propósitos claros.
> Ame o próximo.

21. Muito em breve você será ninguém e nada. Como todas as coisas que você vê agora. Como todas as pessoas vivas agora.

O destino de tudo é mudar, ser transformado, perecer. Para que coisas novas possam nascer.

22. Tudo é como o pensamento o faz — e você controla o pensamento. Você pode se livrar dos erros de percepção por um ato de vontade, como o marinheiro que contorna o cabo: com serenidade, na calma absoluta de uma baía sem ondas.

> **MANDAMENTO:**
> Veja as coisas como são.

23. Determinada ação que para quando tem de parar não se torna pior por ter parado. Nem a pessoa que a realiza. Assim também acontece com a sucessão de ações que chamamos de "vida". Se termina quando tem de terminar, ela não se torna pior por isso. E a pessoa que chega ao fim da linha não tem motivos para reclamar. O tempo e o ponto de parada são estabelecidos pela natureza — nossa própria natureza, em alguns casos (morte por velhice); ou a natureza como um todo, cujas partes, mudando e alterando-se, renovam permanentemente o mundo, mantendo-o no cronograma.

Nada que beneficia todas as coisas pode ser feio ou deslocado. O fim da vida não é um mal — ele não nos desonra. (Por que deveríamos ter vergonha de um ato involuntário que não prejudica ninguém?) Trata-se de uma coisa boa — programada pelo mundo, promovendo-o, promovida por ele.

É assim que nos divinizamos — seguindo os passos de Deus e as finalidades da razão.

> **MANDAMENTOS:**
> Não tema a morte.
> Aceite tudo o que acontece.

24. Três coisas sempre essenciais:

i(a). Suas ações: que não sejam arbitrárias nem diferentes do que faria a própria Justiça.

i(b). Eventos externos: que eles acontecem ou aleatoriamente ou por Providência. Não se pode reclamar do acaso nem discutir com a Providência.

ii. A natureza de todas as coisas, desde plantação da semente ao primeiro suspiro de vida e deste ao último. De onde os elementos que as constituem vieram e aonde voltarão.

iii. Que, se você fosse subitamente elevado a uma grande altura e pudesse ver desde cima a atividade humana em toda a sua variedade e, ao mesmo tempo, todos os seres que povoam o ar e o céu, você veria como ela é insignificante. E por maior que fosse a frequência com que subisse, você veria a mesma coisa: monotonia e transitoriedade. É isso que é objeto da nossa vaidade.

> **MANDAMENTOS:**
> Tenha propósitos claros.
> Aceite tudo o que acontece.
> Veja as coisas como são.

25. Descarte os juízos e você está salvo. E quem o impede de descartá-los?

> **MANDAMENTO:**
> Veja as coisas como são.

26. Irritar-se com alguma coisa significa que você esqueceu:

Que tudo o que acontece é natural.

Que a responsabilidade é deles, não sua.

Que o que quer que aconteça sempre aconteceu e sempre acontecerá e está acontecendo exatamente neste momento, em toda parte, exatamente assim.

Que o que liga um ser humano a todos os seres humanos não é o sangue nem o parentesco, mas a mente.

Que a mente de um indivíduo é Deus e vem de Deus.

Que nada pertence a ninguém. Filhos, corpo, a própria vida — tudo isso vem da mesma fonte.

Que tudo é uma questão de como você escolhe ver as coisas.

Que o presente é tudo o que temos para viver. Ou para perder.

> **MANDAMENTOS:**
> Aceite tudo o que acontece.
> Não permita que a carne afete a mente.
> Não permita que o comportamento alheio determine o seu.
> Veja as coisas como são.
> Viva no presente.

27. Repasse constantemente a lista daqueles que sentiram raiva intensa de alguma coisa: os mais famosos, os mais azarados, os mais odiados, os mais qualquer coisa. E pergunte: onde está tudo isso agora? Fumaça, pó, lenda ... ou nem sequer lenda. Pense em todos os exemplos: Fabius Catullinus no campo, Lusius Luppus no pomar, Stertinius em Bagos, Tiberius no Capri, Velius Rufus... obsessão e arrogância.

E como são triviais as coisas que desejamos com tanto ardor. E como seria muito mais filosófico aceitar o que nos é dado e mostrar retidão, autocontrole, obediência a Deus, sem fazer alarde disso. Não há nada mais insuportável do que as pessoas que se vangloriam da própria humildade.

> **MANDAMENTOS:**
> Aceite tudo o que acontece.
> Não permita que a carne afete a mente.

28. As pessoas perguntam: "Você já viu os deuses que cultua? Como pode ter certeza de que eles existem?".

Respostas:

i. É só olhar ao seu redor.

ii. Eu também nunca vi minha alma, mas a honro assim mesmo.

Assim também é com os deuses: sei que eles existem e os honro porque senti o poder deles incontáveis vezes.

29. Salvação:

Ver tudo como é — sua matéria e sua causa.

Fazer só o que é certo, dizer só o que é verdadeiro, com toda a alma.

O que resta é a alegria de viver empilhando boas ações — como quem desenrola os anéis de uma corrente sem nenhuma lacuna entre eles.

> **MANDAMENTOS:**
> Veja as coisas como são.
> Faça o que é certo.
> Seja sincero.

30. Singular, não plural:

Luz do sol. Ainda que seja interrompida por paredes e montanhas e milhares de outras coisas.

Substância. Ainda que se parta em milhares de formas, com variados formatos.

Vida. Ainda que se distribua entre milhares de naturezas diferentes com suas limitações individuais.

Inteligência. Mesmo que pareça dividida.

Em todos esses, os outros componentes respiração, matéria care cem de qualquer consciência ou conexão direta entre si, e a ligação entre eles é formada por uma espécie de unidade e pela gravitação de semelhante a semelhante.

Mas a inteligência tem esta propriedade única: ela entra em contato com outras da sua própria espécie e se une a elas, em comunhão de consciência.

31. O que é que você quer? Continuar a respirar? E a sentir? Desejar? Crescer? Deixar de crescer? Usar a voz? Pensar? O que faz com que qualquer uma dessas coisas valha a pena?

Mas se conseguir ficar sem nada disso, continue a seguir a razão e Deus. Até o fim. Valorizar essas outras coisas — lamentar que a morte nos prive de todas elas — é um obstáculo.

> **MANDAMENTOS:**
> Não tema a morte.
> Preserve o seu espírito.

32. A fração do vasto abismo do tempo que foi distribuída a cada um de nós e que num instante desaparecerá na eternidade.

A fração de toda a substância e de todo o espírito.

A fração de toda a terra que é o pedaço em que você rasteja.

Tenha tudo isso em mente, e não dê importância a nada que não seja fazer o que a sua natureza exige e aceitar o que a Natureza lhe envia.

> **MANDAMENTOS:**
> Atenha-se ao essencial.
> Veja as coisas como são.
> Aceite tudo o que acontece.

33. Tudo depende de como a mente se conduz. Todo o resto está sob o poder dela ou além de seu controle — cadáveres e fumaça.

34. Um incentivo para desprezar a morte: até aqueles cuja única moralidade é a fuga da dor e a busca do prazer são capazes de fazê-lo.

35. Para o homem que considera bom só o que vem na estação certa; para o qual algumas ações a mais ou a menos, desde que regidas pela verdadeira razão, são simplesmente algumas ações a mais ou a menos; para o qual não faz nenhuma diferença olhar para o mundo durante este ou aquele tempo — para este a morte não é nenhum terror.

36. Você é cidadão de uma cidade excelente. Que importa que seja por cinco anos ou por cem? As leis não fazem essa distinção.

E ser mandado embora dela, não por um tirano nem por um juiz desonesto, mas pela Natureza, que foi quem o convidou para entrar — o que há de tão terrível nisso?

É como o diretor que fecha a cortina sobre um ator.

"Mas eu só atuei por três atos...!"

Sim. Este drama terá três atos, duração determinada pelo poder que o criou e agora o encerra. Não lhe cabe opinião em nenhum dos dois casos.

Portanto, retire-se em paz — o Deus que o despede está em paz com você.

> **MANDAMENTO:**
> Não tema a morte.

ASSINE NOSSA NEWSLETTER E RECEBA INFORMAÇÕES DE TODOS OS LANÇAMENTOS

www.faroeditorial.com.br

CAMPANHA

Há um grande número de pessoas vivendo com HIV e hepatites virais que não se trata. Gratuito e sigiloso, fazer o teste de HIV e hepatite é mais rápido do que ler um livro.

FAÇA O TESTE. NÃO FIQUE NA DÚVIDA!

ESTA OBRA FOI IMPRESSA
EM SETEMBRO DE 2022